方違異談
現代雨月物語

籠 三蔵

竹書房
怪談
文庫

目次

※本書に登場する人物名は、様々な事情を考慮してすべて仮名にしてあります。また、作中に登場する体験者の記憶と体験当時の世相を鑑み、極力当時の様相を再現するよう心がけています。現代においては若干耳慣れない言葉・表記が登場する場合がありますが、これらは差別・侮蔑を意図する考えに基づくものではありません。

来世

ある葬儀の場で、こんな事があった。

千葉県の某市に位置するセレモニーホールの控え室は、しんみりとした空気に包まれていた。亡くなったのは家人の身内であり、私の直接の知己ではないので、周囲の顔は知らぬものばかりである。

そんな中で、私の正面に座っていた喪服姿の老婦人だけは、にこやかな笑みを浮かべていた。久しぶりに顔を合わせた親族らへの挨拶で、妻は席を外している。だから、この婦人がどこの誰なのか、さっぱり判らない。

「悲しむ事なんか、無いのにねぇ」

老婦人が、不意にそんな言葉を放つ。驚いた私は顔を上げた。

「葬儀なんて、悲しい事なんか何もないのよね。もっと賑やかにしていてもいいのよ」

悪戯っぽい少女のような笑みを浮かべて、彼女は呟いた。

「ねえ、あなたはこんな話、どう思うかしら？」


老婦人が、亡くなった御主人と知り合ったのは勤務先の職場だったそうである。

戦後から、日本経済が立ち上がり始めた高度成長期。

誰もが自国の復興と、自らの生活の安定と自立を目指して、がむしゃらに働いていた頃。

飛び抜けて、目立つものがあった訳ではない。

ただひたすら、生真面目な部分だけが取り柄のような男性だった。

ごく普通に職場の事務室で一緒に仕事をこなし、会話を交わし日々を重ねる内に、いつしか互いに仄かな好意を抱き始め、彼との交際を始める事となった。

復興期の、北国の片田舎の小さな町。

今のように気の利いたデートコースがある訳でもない。ただ二人で一緒に居られる時間がとても貴重で素晴らしく思えるようになった。

緩やかで、慎ましやかではあったが、大恋愛だったそうである。自然な成り行きで、お互いの両親の元へと出向き挨拶を交わし、そして彼らは夫婦となった。

浮いた話ひとつ無く、勤勉で優しい御主人との新婚生活。授かった子宝。育て上げるという賑わいと活力を帯びた有意義な時間。やがて子供達が独立して、再び二人だけの穏やかな余生を歩むと思えたその刹那。

御主人に、癌の診断結果が出た。

眩暈と体調不良を覚えて、軽い気持ちで検査を勧めると、病院の医師から呼び出されてそう宣告された。既にステージ４の段階で、即刻入院との事。

目の前が真っ暗になった。

何も知らない彼は「すぐ戻れるさ」と笑顔を向ける。

強張った微笑みを返すしかない。御主人が入院して間もなく、彼女は町の携帯電話代理店に駆け込み、初めて携帯電話というものを二台契約した。

「起き上がれるようになったら、これで毎日連絡を頂戴」

縋るような思いで、病床の夫の枕元に、そのひとつを置いて来た。

だが、彼女の切ない想いは、無残にも断ち切られる。

抗ガン剤治療を始めて間もなく、御主人の容態は急変、そのままあっけなく亡くなってしまった。入院してから、僅か一か月足らず。

余りにも突然の出来事。老婦人は事実を受け止める事が出来ず、暫く抜け殻のようになってしまったという。葬儀は親戚の者達が協力して執り行ってくれたが、通夜や告別式の場で喪主の座に着いていても、ただ呆然とするばかりで、涙ひとつ零れなかった。

四十九日を過ぎる頃、意識は漸く現実を受け入れ始めてくれた。何をどう悲しんでも彼はもうこの世には居ない。彼女を気遣い、遠くから足を運んでくれる子供達や近所の人々にいつまでも心配を掛ける訳にも行かない。

彼の残した遺品を整理しながら、初めてぽろぽろと涙が零れ落ちた。

ずっと一緒にいようねと、二人で掛け合ったあの言葉を守ってくれなかったと、恨みすら覚えた事もあったそうである。

そんな時、ふと御主人の病室に持ち込んだ、あるものが目に入った。

あの、使用される事の無かった携帯電話だ。

（とうとう、一度も使ってくれなかったわね……）

力無い笑みを浮かべながら呟いた彼女は、それを片手に代理店を訪れ、解約の手続きと携帯の処分を、顔見知りの店長に頼んだそうである。

ところが。

数日後、その店長が、強張った表情で「お話したい事がある」と彼女の元を訪ねて来た。

その手に携えていたのは、あの処分を頼んだ携帯である。

申し訳ございませんが、この携帯はそちらさまで保管された方がよろしいかと思いますと、店長は神妙な顔でこんな話を切り出した。


店長は彼女から預かった携帯を、他の処分する機種と共に、廃棄に廻す前に本体に残されたデータ消去の作業に掛かった。一度も使用されていないという話だったので、単なる確認だけで終わると考えて居たら、メールボックスに一通の未開封の着信メールがある事に気が付いた。

普段はそんな事はしないのですが、と断りを入れながら、店長は重要な内容であったら大変かもと、そのメールの中身を開いてみたという。

文面を開いた店長は思わず目を剥いた。

「私はよく判らないいんだけど、構造的に、そういう事は出来ないいんですって」

メールの発信アドレスは、いま手にしている携帯のものだった。

どうぞ、ご確認下さいと、店長は携帯電話のメール画面を開いてくれた。

そこにはこんな文章が打たれていた。

『魂は生きている』。

「多分、あの世の御主人からのメッセージだと思います」

店長の言葉に、彼女は、思わずその場に泣き崩れてしまった。


「その携帯はね、いま、私の鏡台の引き出しの中に大事にしまってあるの」

老婦人はにっこり微笑みながら、こう続けた。

「だって、あの世ってあるんですもの。だからこんなのは一時の別れに過ぎないのよ。長い旅行や出張なんかと、何も変わらないわけじゃない？　だから何も悲しい事なんてない。だってまた、逢えるんですもの……」

ひと息ついて、彼女は手元に置かれた湯呑みのお茶を啜った。

私はというと、この見知らぬ老婦人の顔をじっと見ている事しか出来なかった。なぜこの人は私に向かって、突然こんな話を始めたのか。

そこへ、遅くなって御免と、親類らに挨拶を済ませた家人が戻って来た。

「あら、変な話をしちゃって御免なさいね。じゃ、私はこれで……」

彼女が私の傍らに来ると同時に老婦人は腰を上げ、そのまま足早に待合室の外へと出て行ってしまった。

「いまの方、どなた？」

私の問い掛けに、後ろ姿を見送りながら、家人も首を傾げる。

「わかんない。あの人が、どうかした？」

私は、先程までのやりとりを手短に説明した。普段はそういう話に一切興味を持たない彼女も、思わずぽかんと口を開いたままになっていた。


私は、今でも思う事がある。

なぜあの老婦人は、あんな場で、唐突にそんな話を切り出したのだろう。

そして、この話を思い出す度に、私は不穏な思いに駆られる。

あの話をしてくれた老婦人と御主人は、質素で平凡ではあるが、しかし、平和に健やかに人生を生き抜いた。だからこそ彼女は、次の来世への希望に満ちた話を語ってくれたのだろう。

だが、多くの怪と不可解を取り扱ってきた私にとって、それは新たな不安の種がひとつ増えてしまったに過ぎなかった。

私はそれを裏付ける、様々な事例を知っているからである。

あの老婦人の言った通りに、人間、死ねば終わりではなかったとしたら。

人を欺き、陥れ、搾取し、あまつさえ殺めた事がある者だとしたら、そんな彼等を「あちら側」で待ち受けているのは、どんな者達だというのだろう?

そんな疑問が、その時の私の心をうすら寒くしていた。


「どうしたの、怖い顔して」

「いや。ぼちぼち、叔父さんところに伺おうか……」

自虐に似た苦い笑みを浮かべながら、私は家人に言葉を返して、席を立ち上がった。

恐山奥の院

青森県の下北半島むつ市に位置する恐山は、天台宗の慈覚大師・円仁が9世紀ごろに開基した霊場で、日本三大霊場の一つにも数えられる。また、恐山は地元では死者の集まる山とも言われ、七月の恐山大祭では、境内で有名なイタコの口寄せが行われる場所としても有名である。

こうした特性の為なのか、多くの幽霊目撃談を持つ、心霊スポットとしての側面も持っている。

先の「来世」で登場する私の家人の郷里は、この恐山がある下北半島に位置している。早くに父母を亡くしている私は、盆と正月の休暇時に家人の帰省に同行するのが家庭内の行事となっている。

そして夏季の帰省時には、特別な理由が無ければ、大抵この恐山へと足を運ぶ。

寺社仏閣の参拝が好きな事、冬場は閉鎖されて参拝が不可能な為、一年に一度しか訪れる機会が無いという事が主な理由ではある。しかし、当然ながら「何かしらの霊体験」が出来れば儲けものという下心も勿論そこに持ち合わせている。

ところが心霊的にはこれ程有名な恐山なのだが、私自身は、ここでそういった体験を一度もしていない。飽くまで〈私自身は〉という注釈の上ではあるが。

ここではそんな異談を綴ってみようと思う。

今から七、八年前の事。

私は例によって夏季休暇の帰省中に、恐山を訪れていた。

山門脇の入り口で拝観料を払い、参道を歩いて本堂に参拝した後、次に私が足を向けるのは本堂裏手に当たる「恐山奥の院」である。

実は一般に「恐山」として知られている、あの有名な賽の河原や血の池地獄等は「恐山《おそれざん》菩提寺《ぼだいじ》」という曹洞宗寺院の境内の一部にしか過ぎず、実質的には、この菩提寺本堂の地蔵菩薩《じぞうぼさつ》と、数キロ離れた場所に位置する釜臥山《かまふせやま》別院頂上の釈迦如来《しゃかにょらい》、そして本堂裏手の中腹にある奥の院の三か所を結ぶラインを「霊場恐山」と呼ぶらしい。そんな理由で大願を持つ者は、この三つを訪れなければいけないと、この奥の院の看板には記されている。

この場所の存在を知ったのも、何度目かの参拝の事である。本堂脇の「順路」と書かれた立て看板の脇に、しれっと小さな表示で「奥の院入口」と記されているのを見つけたからだ。何も知らない観光客らは案内の通りに賽の河原方面へ足を運んで行く。現在ではネットやSNSの記事で知名度が高くなってしまったのか、割と大勢の方が来るようになっているのだが、この当時はまだあまり知られていない、穴場的なスポットだった。

ところで、この恐山奥の院の御本尊は不動明王《ふどうみょうおう》である。

安置された不動明王像の真下にある由緒書看板には「地蔵菩薩は中心にして不動阿字《ふどうあじ》の本体なり。若《も》し衆生《しゅじょう》有って是の心を知らば決定して成就す。「仏説延命地蔵菩薩経」より。右の一句は地蔵菩薩と不動明王の二而不二《ににふに》を意味し不動明王は地蔵菩薩の化身というのでありますと書かれており、不動明王は大日如来《だいにちにょらい》の化身と解釈していた私は、この場所に来て面食らった気分になった事も、今では懐かしい。

とにかくその当時はあまり人が来なかったので、ゆったりした気分で参拝出来る恐山奥の院は、私のお気に入りの場所でもあり、この時も、不動明王像の前で手を合わせ、全身の力を抜いてリラックスしている真っ最中であった。

背後から、参道の石を踏み鳴らす音が聞こえたので視線を遣ると、ナップサックを背負った一人の女性がこちらに向かって登って来る姿が見えた。

あっ、場所を譲らなければとお不動様に一礼して振り返ると、そこは誰の姿も無い。

一瞬、狐につままれた気分になった。

場所が場所だけに、とうとう怪異に遭遇出来たかと考えたが、先程のは、どう考えても生きている人間にしか見えなかった。普段から怪談ネタを追い求めている立場でもあるので、ついついそうあってくれればいいなと思考が動いてしまう。

何かの理由で引き返したのだろうと苦笑いを浮かべてもう少しばかりお不動様に手を合わせた後、奥の院を下り、そのまま賽の河原、六角堂、血の池地獄、宇曽利湖《うそりこ》湖畔と順路を巡り、硫黄泉の噴き出している大叫喚地獄の側まで辿り着いた時、突然、後ろから「すみませーん」と声が掛かった。

振り返ると、宇曽利湖の方から、一人の女性が手を振りながら、こちらへ向かって走って来る。

「すみませーん、ちょっと待ってくださーい！」

誰だ？　と私は首を傾げた。

本州最北の下北の地である。当然この辺りに顔見知りの知己などいる訳が無い。誰か他の人間に呼び掛けているのかとも思ったが、生憎そこに居るのは私だけだった。

はあはあと息を切らせて駆け寄って来たのは、よく見ると先程奥の院で参道を登って来たあの女性である。年の頃は三十代の前半位。登山者がよく「山シャツ」と呼んでいるチェック柄のシャツにジーンズ、背中には小型のナップサックを背負っている。

彼女は私の目の前でひと息つくと、意を決したかのような表情を浮かべて、唐突にこんな事を切り出した。

「すみません、さっき、奥の院にいらした方ですよね？」

「はあ……」

「突然妙な事を尋ねて申し訳ありません。あなたはお不動様の行者さんか何かですか？」

目を丸くしたのは、言うまでもない。

ここからは私を追い掛けて来た、この女性の視点からの話になる。

——彼女は新潟に住んでいて、寺社巡りを趣味としている。

地元の様々な寺社仏閣を歩き回るのが大好きであり、霊験あらたかと有名な恐山に足を運ぶ事をずっと夢見ていたのだが、とうとうこの夏機会に恵まれ、ツアーバスに搭乗し、はるばる新潟からこの下北半島へとやって来た。

山門脇で自由解散、いよいよ憧れの恐山菩提寺の散策となった。

訪れていたツアー客らと地蔵堂辺りまでは一緒だったが、ふと見ると順路と記された看板の脇に「奥の院入口」と書かれた文字を発見した。

他のバスツアーの乗客たちは案内看板に従って賽の河原方面へ向かって行くが、彼女は「奥の院」というその文言にとても興味をそそられた。恐山にそんな場所があるなどとは思ってもいなかったからである。どうしようかと束の間迷ったが、散策時間は二時間で、まだまだ余裕がある。折角の機会でもあり、連れがいる訳でも無いので、この誰も足を向けない奥の院方面への道を辿ってみようと決心した。

裏手の山道を登ると、先程入って来た山門や本堂、そして釜臥山が一望出来る高台へと辿り着いた。そこには奥の院の由来を書き記した看板があり、少し先に不動明王の像が鎮座していて、男性が一人、手を合わせている。

（あそこが奥の院なんだ……）

そう思って歩を踏み出した刹那。

「今は来るな」

突然響いた声に、女性は驚いて足を止めた。

「今は来るな。この者と話をしている」

声はもう一度響いた。驚いた彼女は踵を返して、奥の院の参道を駆け降りてしまった。

再び本堂脇の順路まで辿り着くと、そこに行き来する拝観者らの姿を見掛けて、ようやくひと心地付いた。

彼等に混じって順路を巡っている内に、混乱していた思考が少し落ち着いた。

ああ、噂には聞いていたけど、恐山って凄いところだな、本当にこんな事があるんだと自問自答して冷静さを取り戻して来ると、今度は奥の院でお不動様と話をしていたあの男性の正体が気になって仕方が無くなった。

彼は何者なのだろう。

そんな事を思いながら他のツアー客らと宇曽利湖の湖畔を見ていると、奥の院にいた、件の男性がすぐ脇を通り過ぎて行く。

（あっ）

一瞬躊躇を覚えたが、ここで声を掛けなかったら、謎は一生解けない。

意を決して、彼女はその見知らぬ男性の後を追い掛けた。

「すみませーん」


女性の話を聞いて呆気に取られたのは、むしろ私の方だった。

答えを求める彼女の視線に、何と答えて良いのか、私自身が混乱してしまった。

まさかあの時に、そんな事が起きていたとは。

しかし行者はおろか私の肩書は、仏様の側から見れば、罰当たりに相当するような怪談綴りである。霊場の霊威を期待して勇気を振り絞り、見知らぬ男に声を掛けたこの女性に対して「違います、おどろおどろしい実話の怪談書いてます」などと正直に名乗るのは憚《はばか》られたし、出来事の核心がややこしくなる気もしたと言うのが本音である。

結局、着地点はこうなった。

「そうだったんですか。行者ではありませんが、お不動様のお札を頂いて自宅にお祀りはしています。さっきは場所を譲ろうとしたら、突然居なくなったのでどうしたんだろうと思っていたんですよ。あそこでそんな事が……」

これは決して嘘ではなく、本書の最終話に登場するエピソードの中で、私はこっぴどい目に遭遇している。そんな理由でこの仕事を続けるに当たって、都内の某不動から祈祷札を拝領して、それを背にしながら現在も本書の原稿を綴っている訳でもある。

そして、家人の帰省に伴って東京から毎年この下北の地に来る事、恐山に来ると必ず奥の院に訪れる事、そして彼女の話に合わせ、東京のお不動様で出会った不思議な体験などを、出口に当たる山門脇まで、一緒に歩きながらそう語って差し上げた。

やっぱりそういう方だったんだと、女性は納得しながら、何度も頷いてくれた。

「恐山、凄いですね。来て良かった。今日はどうもありがとうございました」

停車中のツアーバスに向かう彼女とは、山門の売店前で別れた。

お互いに名乗りもしなかったが、私が車に乗り込むまで、女性は何度も振り返って、こちらに手を振ってくれた。

さて、この恐山で体験したエピソードなのだが、これを耳にした方達は大抵「いいお話ですね」と返答してくれる。だが、私自身はその時、彼の女性に言い訳のような話を披露しながら、内心とんでもない恐怖に打ち震えていた。

彼女は、お不動様が「私と話をしている」と述べていた。だが、当の私自身は単にお不動様に手を合わせていただけに過ぎないのである。

「神仏は何でもお見通し」。

聞き慣れたそのフレーズが、脳内に何度も繰り返されていた。

彼等の前では、嘘偽り駆け引きの類は一切通用しない。

だから、「その時」が来たら覚悟を決めている。

それは、此の世ならざる出来事を追い掛け続けている、私ならではの恐怖なのかも知れないのだが。

読心と読経

以前、怪談書きだけの集まるオフ会の場で、驚くような意見を耳にした事がある。

何と、一部の書き手の方が、幽霊や怪談は信じているが、神仏系や霊能者関連の話は胡散臭いので信じないと言うのである。

内心酷く驚いた。この手の話は起こった〈現象〉自体を信じているからこそ、それを他人に聞いて欲しくて書く方で成り立っている集まりだと考えていたからだ。そして私自身はこの事に対して心の中に覚えている戸惑いを、上手に表現する事が出来ない。

何故ならある程度の場数をこなしていれば、必ずそういった不可思議な霊威や、霊的な能力を持った方々に一度はぶち当たると考えていたからだ。それに、この手のお話に付きものの二次的な〈呪い・障り〉に関して、最終的に頼るべきは学者でも医者でもなく、それらという事にならないのだろうかとも。

心霊スポットに迂闊に足を運んで一週間寝込み、医者など何の役にも立たなかった経験のある私は、その事をずっと不思議に捉えていたが、ある時そうした事が起きる理由の一端を、某体験者の方に教えて貰った事がある。このエピソードは取り敢えず後回しにするとして、丁度いい機会なので、ここでは前章「恐山奥の院」に登場する新潟の女性に私が語った異談を紹介してみようと思う。

私のお気に入りの寺社の中に、東京の『F不動』がある。

その名の通り、御本尊様は不動明王だ。

一番初めにその場所へ向かった理由は既に忘れてしまったが、訪れた時、たまたま本堂で僧侶達による護摩修行が始まろうとしているところだった。堂内を揺るがす太鼓の音と激しい読経、燃え盛る護摩の炎の迫力に度肝を抜かれ、それ以来病み付きになったようなところがあるのだが、やはり何度か足を運ぶうち、この護摩の参加者に〈そちら系のプロ〉の方々が、結構交じっている事に気が付くようになった。

どこをどうと表現するのは難しいのだが、彼等は、何処と無く一般の方とは雰囲気が違う。僧侶達と似たような空気を纏っていると言うべきなのか。実は過去に取材をしたら、この方面のプロだった（正体を隠されていた）事が二度ほどあり、その方らとそっくりな空気を醸し出しているので、何と無く判ってしまう。

ネットなどで色々調べてみると、このF不動の護摩は、除霊関係の仕事をしている方、気功師や整体師、スピリチュアル系のヒーラーという肩書の方のブログ記事によく挙げられている。

要はそういった職種の方達が、こちらの護摩によって依頼者や患者さんから被ってしまった〈悪い気〉が剥がれるというのである。それはある意味プラシーボ的な効果なのかも知れない。しかし実際の処、この私も取材時に妙な案件などに関わって肩が重かったりする時に、こちらのお護摩に伺うと、結構スッキリする。従って、私がF不動に通う理由は、現在そちらが主になっていると言っても過言ではない。

この時もちょうど、そんな気分の日であった。

午前中に本堂で護摩の時間に参加した後、この日は内仏殿にある宝蔵大日堂に寄ろうとエレベーターに乗った。四階に位置するこの大日堂には巨大な大日如来像が安置されており、その周囲にも大勢の信徒らが奉納した大小様々な種類の如来像が置かれた、不思議な仏教空間となっている。防音処置も丁寧に施されているのか、都内であるにも拘わらず、外の喧騒は殆ど聞こえて来ない。私はこの場所で瞑想の真似事をしながらリラックスするのが結構好きなのだ。

ところが、この日は先客がいた。

堂内の大日如来像の前に、既に瞑想している人物が居たのである。

こちらに背中を向けてはいるが、マツコ・デラックスを連想させる、かなり体格の良い女性で、喪服のように真っ黒なワンピースを着用していた。彼女は金色に輝く如来像の前で、一心不乱に瞑想を行っている。

その持ち合わせた、独特の雰囲気から、本職の方だなと私が思った瞬間。

件の女性が、突然こちらを振り向いた。

「何故判った？」と言いたげな、鋭い視線。

その勢いに狼狽した私は堂内に入れず、反射的に場から退いた。

(思考を読まれた？)

正にそんなタイミングであった。あの雰囲気佇まいといい、そちら方面の〈プロ〉である。そんな能力があるとすれば、かなりの上級者であろう。素人に毛が生えた程度の怪談屋風情が居るのは目障りだろうし、邪魔をしてはまずいと、私は踵を返した。この内仏殿は三階が寺務所となっているが、二階にも瞑想に良い場所がある。六道の扁額が飾られている、阿弥陀如来の像がある場所がそのひとつだ。

そちらに河岸を変えようと、エレベーターに乗り込んで二階のボタンを押したその刹那。閉まり掛けた扉を擦り抜けるように、するりと人影が滑り込んだ。

先程如来像の前にいた、あの女性だ。

彼女はちらりと私を見ると、行き先ボタンを押す事も無く、こちらに背を向けて、扉すれすれに立ちはだかった。

（えっ、まさか……？）

エレベーターが二階に着くと、女性はその体躯からは思いも依らぬスピードで扉を擦り抜け、素早く阿弥陀如来像の前に座ると、こちらを一瞥しながら、再び瞑想を始めたのである。

明らかに意図的な所作であり、私は呆然とするよりほか無かった。

彼女は一体、どんな素性を持つ人物なのだろうか。

ここでは、もう一度、とても不可思議な人物に出会った事がある。正確に述べれば〈人物ら〉の複数形であるのだが。

やはりその時も、怪談の執筆で少々身体が怠い時であった。

F不動に足を運び、護摩に参加した後、大日堂に向かおうと思ってから、件の黒いワンピースの女性の事を思い出し、先に阿弥陀如来像のある二階に向かった。

幸い、そのスペースには誰も居なかった。手を合わせて軽く目を瞑っていると遠くから経文が聞こえて来る。般若心経だ。同フロアの位牌堂の方からである。そのあまりにも美しい旋律に、私は初め、何かの催しで経のCDが掛けられていると思っていた。

五分程その場に座して立ち上がると、先程より声が近い。おやと思ってそちらを見ると、お遍路姿のような七十代位の老夫婦が一仏礼拝所に向かって読経を捧げている。

それ自体は決して珍しい事ではない。問題は、彼等の唱えている読経のトーンがこれまで聞いた事の無いようなものだったからだ。

それは〈人の声〉ではなく、今で例えるなら初音ミクに代表される〈ボーカロイド〉のような人造音声のような響きを持っていた。しかも読経の節目には音叉のように不可思議な余韻が残る。今日まで取材を兼ねて、多くの寺社に足を運んでいるのだが、この時の老夫婦が唱えていたような読経には未だお目に掛からない。

それはまるであの世から聞こえて来るかのような、ささくれて捻じれた心が、とても穏やかになって行くような、不可思議な響きを含んでいる。

言語で例えれば〈成仏したくなるような読経〉とでも言えばいいのだろうか。

そこで漸くこの老夫婦も〈プロ〉なのだという事に気が付いた。彼等はひとつひとつの仏像に心経を捧げながら、こちらへと近付いてくる。私は暗黙の内に場を空け、阿弥陀如来の間から、四階の大日堂へと移動した。

「凄い人達が居るものだな」と思いながら如来像の前に座って暫くすると、外廊下に気配が動いた。

先の夫婦がやって来たのだ。私は反射的に場を空けて隅へと退いた。

如来像の前に正座を行い、深々と頭を垂れた後に唱えられた彼等の読経は、老いて鄙びた外観からは考えも及ばぬ程、美しい音色で堂内に響き渡る。

ああ、このご夫婦何者なのだろうな、何処でどういう事を成されている方々なんだろうなと思いを馳せているうちに読経は終了した。後方で私は彼等に軽く頭を下げた。

すると。

立ち上がった老夫婦が、すたすたと私の前へと寄って来る。

（え？　え？）

二人はそのまま床に座ると、ぺこりと頭を下げた。そして、竦んでしまった私に向かって、御主人の方がこう呟いた。

「申し訳ございません。私共の納めた如来様が、あなた様の真後ろにございまして……」

恐縮して、弾かれたようにまた場を空けた。


そんな偶然があっていいものなのか。

目を剥いている私を尻目に、お遍路姿の老夫婦は合掌を行いながら、自らの奉納した如来像に向かって、あの美しい音色の心経を捧げていた。

スコップ

千葉県の某市にある、薬師堂の氏子総代・Mさんから聞いた話である。

「よく何かあったりすると、仏様が枕元に立ってお告げとか寄越す話ってあるでしょう？ うちのお薬師様もそういうのあるんだけど、他とはちょっと変わっててねぇ、厨子《ずし》ごとやって来るんだよ」

ある大祭での御開帳の年に、こんな事があった。

Mさんが夜布団で寝ていると、夢の中にふぁぁあんと厨子が現れて、彼の枕元へとやって来た。

音も無くその厨子の扉が開いて、薬壺を右手に持った薬師如来様と、左右に厳かに鎮座している脇侍《きょうじ》の日光・月光両菩薩が露わになった。何事かと思って布団から起き上がり平

頭していると、

「先日の御開帳に、大勢の方が私を参拝しに来てくれました。それはとてもとても有り難い事だったのですが……」

玉を転がすような天上の声色で、お薬師様が呟いた。

「締め役の氏子が遅くまで参拝の方の相手に追われていて、お堂の厨子の扉を閉め忘れてしまい、お陰で煩くて、眠る事もままなりませんでした」

「それは、誠に申し訳なく……、今から閉めに伺います」

Mさんが、更に低頭しながら答えると、

「幸い、今日、役所の者が巡回に訪れて閉めてくれましたから、それには及びません。以後、重々気を付けて下さい……」

後日、Mさんが市役所の担当に会った時に「薬師堂の厨子の扉の閉め忘れ、有り難うね」と声を掛けると「あれぇ、Mさん、何でその事知っているんですか？」と驚かれたそうである。

また、ある時はこんな事があった。

Mさんが体調を崩して寝込んでいる時の事。

病院に行って診断を貰うと、顔の組織の内側の、眼底と鼻骨の底の隔膜が切れて内出血し、そこに膿が溜まってしまっていたそうで、薬で散らす処方を受けたのだが、万一、その膿が血管を経由して脳に回れば命にも関わるとの事。

微熱と痛みに魘されながらふうふうと唸っていると、また夢の中にふぁぁあんとお薬師様の厨子が現れた。そして以前のように厳かに扉が開き、中からお薬師様と、日光・月光の二仏が姿を現した。

薬師如来はその名の通り、東方浄瑠璃世界の教主といわれ、十二の大願を発し、天上の瑠璃光を以て衆生の病苦を救うとされた仏様だ。

(ああ、助かった。お薬師様が来て下さった……)

夢の中で合掌しながら、Mさんは如来様に向かって「この痛みと苦しみを、早く何とかして下さい」と願い出た。ところが、お薬師様の返答は意外や意外。

「申し訳ありません。実は私、両手が使えないのです。だから、あなた様の御面倒は看れないのです」

ええっ?　とMさんは声を上げた。

「ちょっとあんた、仮にもお薬師様でしょ？　病気を治す仏様でしょ？　お薬師様がそんなんで、一体どうしろって言うんですか？」

　思わず声を荒げると、仏様は困った顔をされながら、

「そう申されては私も困りますので、仕方がありません。脇侍の日光・月光にあなたの面倒を看させましょう……」

　すると、左右の蓮の上に鎮座していた日光・月光の両菩薩が、そこからゆっくり立ち上がった。そして地に足を付けると、二人して何かを取り出し、ずんずんと彼の元に近寄って来る。よく見ると、二人の菩薩様が手にしているのは〈スコップ〉だ。

（えっ、なにそれ？）

　仰天するMさんを尻目に、日月の仏様は柔和な笑みを湛えながら、それぞれのスコップを大きく振り被った。

（ち、ちょっと待って！）

　翌朝、Mさんが目を覚ますと、顔面の痛みは退いて熱も下がり、眼の底に溜まっていた大量の膿は、綺麗に無くなっていたそうである。

赤いハーフコート

派遣業のEさんから伺った話である。

ある年のGW、Eさんと御主人は、彼らの住む町内会で企画された、伊豆半島の日帰りバス旅行に参加した。

朝八時に集合、日帰り温泉や史跡・アトラクション、名物銘菓などを盛りだくさんに楽しんだが、観光シーズンだった事もあり、レストランでの昼食の順番が混み合ってしまい行程に一時間ほどの遅れが生じた。結局、最後の目的地である丘の上のテーマパークに辿り着いた時には、既に夕方に差し掛かっていた。

とはいえ日の長い季節だったので、一時間の自由行動自体に特に差し障りは出なかったのだが、集合の点呼を取ってバスが発車した時、すっかり日は傾き、群青色の黄昏があたりに立ち込めていた。

おまけに山道を下る途中で空模様が怪しくなり、遠くから雷鳴が響いたかと思うと、あっという間に土砂降りの夕立となった。

だが、既に観光の全行程を終えた乗客の大半は寝入っていて、特に差し支えがあった訳でも無い。

(うわーっ、テーマパークにいる時じゃなくて良かった……)

外を見ていたEさんが、窓ガラスに当たる雨粒の勢いに驚いていると、ふと奇妙なものが目に入った。

山側の歩道を、女が歩いている。

ウェーブの掛かったロングヘア。

季節外れの真っ赤なハーフコートにタイトスカート、そして黒いパンプス。

後姿から一見して水商売風の若い女性なのだが、場所が似つかわしくない。

この道は、国道とテーマパークを繋ぐだけの筈なのだ。行きがけにちらほらと人家は点在しているのを見てはいるが、あんなキャバ嬢みたいな女性がうろつく場所では無い。

だが、そういう女が、街灯も無い山道の歩道を下っている。

そのアンバランスさに、Ｅさんは思わず見入ってしまった。

すると。

背後から走って来たバスをやり過ごそうとしたのか、女が立ち止まった。

擦れ違いざま顔を上げて、外を凝視していたＥさんと目が合った。

闇の中に浮き上がる真っ赤なコート。

長い黒髪の間から覗く、血の気の無い顔。

感情の乏しい、ぼんやりとした虚ろな目。

背筋にぞくりとしたものを感じて、彼女は視線を背けた。


それなりの遅れは生じたものの、バスはそのまま解散地点へと到着し、旅行は無事にお開きとなった。雨は既に上がっていて、時刻を見ると午後八時を回っている。

Ｅさん夫婦は、御近所で懇意にしているＤさん、Ｙさん夫婦と一緒に近くのファミレスで夕食を採る事にした。

旅行の楽しい出来事を食事しながら歓談しているうち、ふと彼女が、

「そういえば帰り道に、変な女の人がいたのよ。こんな季節なのに赤いハーフコート着て

て、山道一人で歩いていて、何だか気持ち悪かったー」

するとご主人が「そんな女、どこにいたよ？」と首を傾げる。ほら、最後のテーマパークの帰り道のところと説明すると、

「オレはそんな女見てないぞ。何かの見間違いじゃないのか？」

確かに、窓際に座っていたのはご主人の方だ。Eさんの側からでも見えたのだから気付かない訳がない。

そこへYさんの奥さんが「私も見たわよ。赤いコート着てて、左側の歩道歩いてて」と助け船を出した。

「そんな訳ないだろう？　外は真っ暗だったし、すごい土砂降りで何も見えなかったぞ」

言われてみればその通りだった。

「あ……」

Yさんの奥さんが、突然思い出したように呟いた。

「そういえば、あの女の人、全然濡れてなかった……」

夕餉の場が急に、しんと静まり返った。

ジョギング

長野に住んでいる、友人I君の話である。

彼はどちらかと言えばインドア派で、外に出掛けるより、読書やネットサーフィンを好むタイプだったが、ある時に家族の買い物に付き合って街中を引き廻された結果、自身の体力の無さを痛感して一念発起、ジョギングを始める決心をした。

起床朝六時。ジャージに着替えて軽く準備体操。

そして自分で決めたコースを走り出す。

住宅街を抜けて、近くの運動公園の遊歩道を一周、裏手の小川の土手沿いを走り込み、橋の袂に来たら右に曲がると再び住宅街に入り、反対側から自宅に戻る。

ざっと見て、全長一キロメートル位のコースである。

始めたばかりの頃はかなりしんどく、予定コースの三分の二あたりの場所で息が切れ、そのまま歩いてしまう事が多かったが、それでも二週間も根気よく続けていると、次第に身体が馴染んで来て、ペースはゆっくりだが、完走出来るようになった。

慣れてしまえば、こういうものは意外と楽しい。走りながら辺りを見渡す余裕も出て来て、ひんやりとした早朝の住宅地の表情、公園でジョギングを楽しむ常連の顔ぶれ。老人会のゲートボールの風景。そういったものを見るのも楽しみとなっていた。

だが、ただひとつだけ、気掛かりな事が。

それは、コースの途中で小川に掛かる橋の方からやって来る、女性ジョガーである。

年齢は二十歳位だろうか。

若い子らしいカラフルな色合いのトレーニングウェアにトランクス、ピンクのスパッツに赤いランニングシューズという出で立ちで黒いキャップを被り、茶色の髪を纏めたポニーテールを揺らしながら軽やかに走って来るこの女性ジョガーとは、いつも川沿いの橋の手前で鉢合わせる。

この彼女が、なぜかI君とすれ違う時、じぃっと彼の顔を凝視するのである。

初めの頃は、相手が美人なので「彼女、自分に気があるのだろうか?」などと浮かれた事を考えて気を良くしていた。

しかし、よく観察していると、すれ違う時の女性の顔は少しも笑っていない。その視線は、どちらかというと、胡散臭いものを確認しているような雰囲気である。

今日もそんな感じだった。ふっふっふっと呼吸を整えながら川沿いを走っていると、橋の方よりポニーテールの髪を揺らしながら、例の女性が、軽やかなステップで走って来る。

彼女の視線は、今回もすれ違い様にI君をジロ見していた。

相変わらず、変なものを見るかのような、冷たい視線。

息を切らせながら、自宅に戻ったI君はすっかり意気消沈してしまった。

(あの女の子、何でいつもあんな目で、俺の顔をジロジロ見るんだろう?)

それ程気になるのなら、本人に声を掛けて聞いてみればいいだけの事なのだが、誤解されるのも気後れしたし、何より彼自身に、ちょっとトラウマな思い出がある。

——それは学生時代の頃の事。

近所のショッピングモールの特設コーナーで「占い師横丁」みたいな催しが開催された事がある。

そこに来ている占い師がよく当たるという事で、クラスで評判になり「ちょっと行ってみるべえ」とばかりに仲間六人で押し掛けた。

誰から見て貰う？　という感じでジャンケンをして、I君はどん尻となった。

〈占い横丁〉はそれぞれの占い師のスペースがパーテーションで区切られ個室のようになっており、確かに目的の占い師さんだけ、行列が長い。

さて、仲間五人がそれぞれの運勢を観て貰い、いよいよI君の番になった。

なったと思ったら。

「キミ、そこのキミ。悪いけどそこから入らないで。霊感強いでしょう？　割と変なモノ見やすいでしょう？　いまも四、五人、後ろに引き連れちゃってるから……」

そんな感じで門前払いを喰らった事があるのだ。

（あの女の子、ひょっとして霊感が強くて、何か視えてるとか。また俺、団体さん引き連れちゃってるとか……？）

彼はだんだん、外を走る事にプレッシャーを感じるようになった。

コースを変えようとも思ったが、反対側は道幅の割に交通量が激しく、ジョギングを楽しめる雰囲気ではない。

嫌だ嫌だと思う心が半分、いや本当は自分の思い込みで、あの女の子は単に彼の顔をチラ見しているだけなのかもと自分に言い聞かせる心が半分で、I君はそのまま彼女の視線に耐えながら、いつものコースを走り続けた。


だが、そんなある日の朝。

ジョギング中に、例によって橋の欄干の手前で、あの女性がやって来た。

平常心、平常心と自分に言い聞かせて無視しようとすると、この日は驚いた事に、擦れ違う瞬間、彼女は顔を横に突き出しながら、I君の顔を舐めるように凝視したのである。

さすがに、温和なI君も激高した。

何かひと言言ってやろうと、振り向いて足を止める。

走り去る女性の視線は、まだI君を追っていた。

身体は正面を向いてジョギングを行い、首だけを百八十度、真後ろに向けながら。

やはり自分はインドア向きなのだと、I君はジョギングを止めた。

山中湖のお堂

「友達の間では、僕の霊感、結構有名だったんですよ」

S沼さんはそう呟きながら、身を乗り出して語ってくれた。

「だから、あんな目に遭ったたって、後でみんなに言われまして」


大学生最後の夏休みに、彼はゼミの仲間同士で伊豆半島に旅行を計画した。

といっても、そこは貧乏学生の集まりである。気の合った男友達だけで車にテントやキャンプ道具などを積んで、泊まれる場所に野営するという、行き当たりばったりプラン。

とはいうものの、彼の計画は口コミで広がりすぎて、結局RV車四台、総勢十六人の大所帯の旅となってしまった。

砂浜に車を乗り入れ、日が暮れるまでボディボードやビーチバレーに夢中になり、夜になれば付近にテントを張ってバーベキューと酒盛り。

一日目は湯河原、二日目は河津。

とにかく若くてエネルギッシュだから、二日目まではそれで良かった。

だが三日目となると、さすがに車の中やテントで雑魚寝では身体が痛くなって来るし、疲れが取れなくなって来た。塩で身体もベタベタする。

金を払ってもいいから風呂に入りたい、ベッドで寝たいという者が出始めたが、こんなシーズンたけなわに予約なしで十六名全員を収容出来る宿などあるわけがない。

「山の方へ行けばいいんじゃないか？」

誰かがそう切り出すと、他の友人が、そういえば山中湖のキャンプ場に貸しバンガローがあって、そこはベッドもシャワーも完備されているという。以前利用した時は、真夏にも拘わらずガラガラだったらしい。

ものは試しと近くの商店の公衆電話でタウンページを広げて、キャンプ場に電話を入れると、充分に空いているという返事が来た。

S沼さんたちは地図を広げた。山中湖なら国道沿いに北上すれば御殿場の方へ抜けられる。一本道で、そこからは目と鼻の先だ。

全員一致で意見がまとまり、もう一度キャンプ場に連絡を入れて予約を確保すると、四台の車は山中湖目指して走り出した。

伊豆半島の中央を横切る四一四号線は、山の中を走っているせいか渋滞もなく、修善寺や三島などの観光地に寄り道をしながら、一行は無事に山中湖畔のキャンプ場に辿り着いた。

ところが奇妙な事に、管理事務所に問い合わせると、バンガローはすでに全部塞がっているとの返事。

それはおかしい、今朝確認の電話を入れたばかりだと食い下がったが、管理事務所の係員は誰からの電話も受けていないし、万一受けたとしても、塞がっているバンガローの予約を受け付けるわけがない、の一点張り。

全員でどうしようかと途方に暮れていると、言い出しっぺの男が、

「本栖湖や精進湖の方にもバンガローがあった気がする。そっちに行って見よう。それでダメなら、仕方ないけど今夜も湖畔で野宿だ」

逆らう理由もないので、全員が従った。

だが、あたりはすでに黄昏色に染まり、日は随分と西に傾いている。

うかうかしていると、キャンプ場の管理事務所が閉まってしまう。このあたりの道に詳しいという男が先導して、四台のRV車は国道を折れて近道の林道へと入った。

ここを抜ければ、時間を三十分は短縮出来るという。

ところが、いくら走っても国道に出る気配が見えない。周囲はどんどん暗くなり、先導車の助手席に乗っていたS沼さんは心配になって来た。

「おい、道、間違ってないか?」

「そんなわけない。このあたりは道なんてそんなに無いんだ。間違いなくここだ」

だが、林道はどんどん狭くなり、やがてRV車一台がやっとの道幅となってしまった。

ハロゲンライトの光軸が必死に前方を照らすが、目指す国道は見えて来ない。

携帯のアラームが鳴り、後続車から確認の連絡が入る。

「おい、道、本当にここでいいのか?」

「いや、間違ったらしい。でもなあ」

もはや林道は車幅とほぼ同じくらいで、とてもUターンなど出来る状態ではなかった。

彼らはもはや、まっすぐ進むより手が無かった。

(このまま道がどんどん狭まり、行き当たった場所が断崖だったりしたらどうしよう?

あの道をバックで抜けるなんて骨だぞ）

などと不安な気分に陥っていると、不意に視野が開けた。

国道に出たのではない。

そこは舗装こそされていないが、よく整地された広場のような場所だった。

「お、何だあれ？」

ヘッドライトに照らされて、前方にぼやっと建物の姿が浮かぶ。

どうやら、お堂のようだ。

後続車が追い付いて来て、彼らの車の脇に停車し、どやどやと仲間達が降りて来た。

「なあおい、もう真っ暗だし、頼んであそこのお堂に泊めてもらおうぜ」

S沼さんをはじめ、誰もが、そうした方がいいと考えていた。このままでは誰かが事故る。どこに道があるのかも判らない真っ暗な林道を走るよりは遥かにましに思えた。

「ごめんくださあい」

本堂脇の引き戸を開いて声を掛けた。

人の気配はまったくない。

ただ、そこは廃寺かというと、決してそうではなかった。

ライトを片手に玄関から上がり込むと、ガラス戸の向こうには戒壇とご本尊がきちんと据えられており、畳張りの堂内はきちんと掃除が行き届いている様子で、微塵の埃も積もっていない。恐らくここは住職の居ないお堂で、地元の人たちが面倒を見ている場所なのだろう。

「今夜は、ここに泊めさせてもらおうよ」

一人がそういうと、皆が賛成した。

「誰か来たら道に迷ったと正直に言えばいいし。朝、みんなできちんと掃除をして行けば問題ないよ」

S沼さんは何となく気味悪く感じなくもなかったが、男が十六人もいるのだ。怖い、などとは口に出来なかった。

そうと決まればそこは大学生、行動が早い。

車の中から毛布や寝袋、酒やつまみを降ろして次々と本堂へ運び込み、キャンプ用のランタンを幾つも灯して、やんやの大宴会が始まった。

適度に酒が回ってくると、初めの恐怖感もどこかへと消し飛び、周囲には、墨を流し込んだような闇が取り囲んではいたが、すでに誰も気にする者はいなくなっていた。

S沼さんは真夜中に目を覚ました。

突然の、まったく不意な目覚めだった。一瞬、状況が理解出来ずに周囲を見渡す。

周囲に大勢の友人がそれぞれの格好で寝ているのが見える。

みんな、酒盛りの途中で寝てしまったのか、幾つかのランタンはつけっ放しだった。

ホッ、と安心したのも束の間。

しゃん。

突然、遠くから音が聞こえた。

しゃん。

どうやら鈴の音のようだ。ただ、奇妙な事に、その音がどこから聞こえてくるのか方向が掴めない。

しゃん。

刹那、S沼さんの視線はあるものを捉えた。

彼と十数人らの友人が寝ている本堂は、四方に回廊が走り、下半分にガラスを嵌めた引き戸に仕切られている。

その仕切り戸の向こうの回廊を、誰かが歩いているのだ。
ガラス戸の向こうは闇。
ランタンの光は届かない。それなのに見えた。
坊さんだ。
黒い袈裟。
笠を被っている。錫杖《しゃくじょう》を持っていた。
しゃん。
しかし。
彼らがここに到着した時、外は晴れていた。
その坊さんは、全身がぐっしょりと濡れていた。
被った笠の端からも、黒い袈裟の袖口からも、握る錫杖も。
ぽたぽたと、水滴が垂れているのが見える。
それを見た瞬間、酔いで火照っているS沼さんの体温が、すっと冷えた。
(あれは、この世のもんじゃない!)
しゃん。

しゃん。
彼は周囲に寝転がる友人達を必死に揺さぶった。
だが、すっかり酔い潰れてしまっているのか、誰も目を覚まそうとしない。
しゃん。
しゃん。
しゃん。
錫杖の音は、ゆっくりと、しかし確実にこちらへ迫ってくる。
S沼さんは両手で頭を抱えて、必死に息を殺した。
(こっち来るな、こっちへ来るな……!)
みしり。
畳が軋む。重みが掛かる音。何者かが外から入ってきたのだ。
みしり。みしり。
心臓が口から飛び出るような恐怖が走った。
回廊と本堂を仕切るガラス戸は開けられていない。
しかし。

あのびしょ濡れの坊さんは、ガラス戸を通り抜けて、この本堂の中へと侵入したのだ。

みしり。みしり。みしり。

足音が近付いてくる。S沼さんは全身を丸くして頭を抱え、目を瞑っているしか術がなかった。

ぎしり。

彼の頭のすぐ横で足音が止まった。畳が窪む感触が伝わる。

恐る恐る瞼を開くと、すぐ目の前に、びしょ濡れの脚絆《きゃはん》と草履を着けた足があった。

頭上から、見下ろす視線。

「……を」

「……を」

幽かに呟く声。何かを訴えるような感覚。

「……を」

「……を」

だが、恐怖に慄くS沼さんの鼓膜に、その呟きは届かない。

（お、俺は何も出来ない！　してやれない！）


すると、彼の横に立ちはだかっていた脚絆の足が、すっと動いた。

みしり。みしり。みしり。

足音と気配と重みが遠ざかっていく。

震えながら顔を上げてみると、異形の僧は、再びガラス戸の向こうの回廊を回って、元来た場所へと戻って行くところだった。


翌朝。

S沼さんが夜中に見たものの事を話すと、仲間達は笑い飛ばした。

しかし、畳に残った草鞋の跡を見つけると、その空気もどこかへ吹き飛んだ。

「おうい！」

廊下に回った友人が叫ぶ。

お堂の回廊には、濡れモップを引き摺ったかのような水の跡が、生々しく残っていた。

「そこで、誰かが言い出したんです。俺たち、何でここに泊まることになったんだ？　って。それで聞いたんですよ。河津のあたりで山に行こうと言ったヤツがいただろうって」

その声はみんなが確かに聞いた。

しかし、誰もそんな事は言っていないという。

「そういや、バンガローの件も変だぞ」

何となく気味が悪くなって、全員即座に車に分乗、そそくさとお堂から離れた。

林道を十分も走らないうちに、目指していた国道に突き当たった。


「ようは俺たち全員、何かの理由であの坊さんに伊豆から山中湖まで引っ張られたんですよ。友達は、『お前霊感強いから、話が分かりそうなんで引っ張られたんじゃないか』なんて言ってましたけど、十六人もの人間を百キロ彼方から引っ張るなんて、ね……」


数年後、大学時代の仲間と富士五湖にドライブに訪れたS沼さんは、

「いつかの、あのお堂に行ってみよう」

と、例の林道にもう一度入ってみたが、すぐに国道へと抜けてしまい、二度とあのお堂

には辿り着けなかったそうだ。

無明の僧がS沼さんに訴えたかった事は、未だに不明だそうである。

約束

怪談蒐集という奇態な活動をしていると、自分では間違いなく「これは本物の話」という手応えを感じたとしても「とても信じて貰えない」という内容に遭遇する事が有る。

ここに紹介する異談は、そんな理由で、内容の真否に関しては読まれた読者諸兄にお任せしようと思う。但し、私自身がこの話を実話と思う根拠は、別の体験談の裏付けを取る為に呪詛系の資料を漁っている時、文中に登場する箱「外法箱」という名称と、その伝承が伝わる場所として、神奈川県の横須賀がそこに入っているのを発見したからである。

そういった意味合いでは、取り扱った話の中でもかなり興味深い。本文には字数や語り部の特殊な〈都合〉で、幾分かの脚色が成されているが、ご容赦願えれば幸いである。

Tさんは表向きの顔は学生だが、裏で内緒の「仕事」に就いている。

所謂〈そちら方面〉のお仕事だ。

十五の齢に志望校に合格して入学式を待つ春休みのある日、彼女は「事故」に遭遇し、搬入された病院で意識が戻ると、「奇妙なもの」が視えるようになっていた。この出来事は、暫く一人で抱えていたそうなのだが、ある時、霊感の強い母方の叔母が彼女の見舞いに訪れた際、とうとうその事を打ち明けた。叔母は、Tさんを知り合いの「拝み屋」に引き合わせてくれ、以来Tさんはその力を用いて彼らの補佐のような仕事に就いている。その境遇は極めて特殊だ。

彼女には幽霊、人霊の類は視えない。

〈妖かし〉、つまり妖怪と呼ばれるものだけが視えるのである。

そして、その相手に依っては、意志の疎通が図れる。

世にいう不可解な現象が発生して、一般にいう「霊能者」「拝み屋」の方々が乗り出しても、事態にまったく進展が見られない場合、彼女にお声が掛かる。〈妖かし〉が関わる事件の場合、その正体を確認するのが難しく、通常の「お祓い」や「お浄め」がまったく逆効果になる場合があり、その件にどんなものが関わっているのかを確かめるのが、Tさんの〈仕事〉なのである。

その日、Tさんは、知り合いの方の運転で、丹沢山中にドライブ旅行に出掛けた。

河原にバーベキューセットを用意して賑やかな昼食を済ませ、水遊びを楽しみ、一人離れて川に掛かった吊り橋から風景を眺めていると、側《かたわ》らの岩の上に、彼女らの集まりを見守る、不思議な〈生き物〉が佇んで居るのを発見した。

狐に中型犬を掛け合わせたような、しかし、それとも違う姿。

何だろうと首を傾げて眺めていると、〈生き物〉は素早い身のこなしで岩から欄干の上に飛び移り、彼女の目の前へと躍り出た。

「お前、俺の姿が見えるのか？」

人の言葉でそう語り掛けられた瞬間、Tさんは初めてそれが〈尋常の存在〉ではないと気付いた。だが、彼女の驚きをよそに、

「お前のような者に逢うのは久しぶりだ。俺の話を聞いて欲しい」

そうして、この丹沢の〈妖かし〉は、自らの数奇な運命を語り始めたのだという。

――今でこそ、この丹沢に棲んで居るが、俺は以前、使役神として横須賀のある家系の

屋敷に仕えていた。屋敷の主はその土地で代々続いていた〈拝み屋〉の筋で、昔、信濃国から布教に出ていた歩き巫女が、地元の漁師と結婚してその土地に根付いたと聞いている。この巫女の系譜は大変力が強く、病気平癒や失せ物や虫封じに霊験があるという事で地元民から信頼を得ていたが、同時に畏怖の対象でもあった。この家系が地元で重宝され繁栄した真の理由は、いわゆる呪詛、呪殺の技法にも長けていたからだ。

記憶が古すぎていつの頃からは判らないが、俺は弁当箱程の小さな桐の〈箱〉に封印されて歩き巫女と共に各地を回り、やがて巫女が居付いた土地のこの家系に受け継がれた。俺は必要に応じて〈箱〉から出され、加持祈祷に力を貸してやった。

依頼に応じて人を殺めた事もある。一人ではなく、何人も。

そうしてこの巫女の血筋の家は繁栄し、大きな屋敷を構えるまでになったが、本来の布教の意味合いから外れて、ただ財貨を稼ぐための道具と成り下がった俺は、いつしか人間を憎むようになっていた。依頼者の自分勝手な都合の為に、殺す理由の無い相手を殺さなければいけなかった俺の気持ちはお前には判るまい。この憎しみは新たに殺す相手に向けられるようになり、人を殺めれば殺める程、自らがどす黒いものへと変貌して行くのを自覚していた。恨みも無い相手を、俺は何時まで屠《ほふ》らなければいけないのかと。奴らはどこまで自分を利用し貶めるつもりなのかと。いつの間にか俺は全てを憎み、巫女の標的となった相手にその憎しみをぶつけるような魔性のものへと変貌しかけていた。

あのひとに逢ったのは、そんな時だ。

その日、祝詞《のりと》に応じて箱の外に出ると、屋敷にある祈祷殿の中には、俺を使役していた巫女の老婆とその娘、そしてもう一人、年の頃十歳位の少女が居た。巫女の老婆は少女が自分の孫であり、新しい〈箱〉の継承者となる者だと言う旨を俺に告げた。若くして巫術《ふじゅつ》の才著しく、年老いて衰えを覚えて来た先代は、健在なうちに、素養豊かな孫に〈箱〉の譲渡を決意したという事だった。少女＝あのひとは優しく微笑みながら、俺に対して頭を垂れた。家系の体裁と繁栄ばかりに捉われている先の二人とは違った、優しげな目付きが印象的だった。

とは言え、その頃の俺は人間という存在に嫌気が差し過ぎて、視線を合わそうともしなかった。どうせこいつも、こんな無邪気な顔をしながら、正式に箱を受け継いだら、家系の為に人殺しの命令を俺に下すのだろうと。

だが、それは違っていた。

あのひとは対面が済むと、先代の目を盗んで、祈祷殿から俺の入った〈箱〉を持ち出し、自転車の前かごに放り込み、様々な場所へと連れて出してくれた。

広い空と蒼い海。緑芽吹く山や、人々の活気に満ちた横須賀の街並み。

初めて見る外の世界の広さに、俺は心を奪われた。

あのひとは俺が人を嫌いなのをよく判っていた。そしてその理由が、人間達の身勝手な思いだったという事も知っていた。先代の祈祷に付き添って、呪詛と共に〈箱〉から放たれる俺の怨嗟に満ちた姿を見て、いつも心を痛めていたそうだ。まだ幼かったあのひとは、浦賀水道の見える観音崎の白い灯台の袂《たもと》で、漣《さざなみ》の打ち寄せる大きな海を見ながら、俺にこんな約束をしてくれた。

「私があなたを自由にしてあげる。私が一度たりともあなたを使うことをしないで、誰にもあなたを引き継がなければ、きっと、あなたは自由になれる」と。

この百数十年間、使役神に過ぎない俺に向かってそんな言葉を掛けた人間は一人も居なかった。一体、この小娘は何を考えているのだろう。出来る訳がなかろうと。

ただ、それでも俺は、あのひとの嘘の無い澄んだ瞳を見ていると、もしかしたら本当に自由になれるのかもと思った。その代わりにと、あのひとは微笑みながら、願いが叶ったら、俺にも約束して欲しい事が有ると申し出た。

「もしもあなたが自由になれたら、人間を嫌う事は止めて欲しい」と。

俺は、その約束を信じてみる事にした。


――その日から数年後、若くして家督と〈箱〉を引き継いだあのひとは、どんなに条件のいい依頼があっても、どんなに周囲から説得されようとも、呪詛に俺の力を用いようとはしなかった。先代や実の母親から酷く叱られ、周囲の人間から『現在の当主は使い物にならん。先代の威光を借りて何とか面目を保っているが、あの家系はもう駄目』と罵られても、ただ静かに微笑んでいるだけだった。悔しさのあまり「俺を使え。奴らに目に物を見せてやれ」と諫言《かんげん》しても「あなたは何も心配しないでいいの」と言うだけだった。

人間にも、このような者がいるのだと、俺は初めて思った。

そのまま、幾つかの四季が通り過ぎて、あのひとは婿取りをして子供が生まれ、やがて孫が誕生しても、あの時の俺との〈約束〉はそのまま継続された。だが、俺のような妖かしと違い、ひとの時間はあっという間だ。更に幾つもの四季を重ねて、幼い少女だったあのひとは老齢となり、次の跡取りへと俺を引き継ぐ時期が迫っていた。何人か居た孫の中には、かつてのあのひとのように、俺を使役し操るだけの素養に恵まれた者が居た。周囲の者達はここぞとばかりに箱の譲渡をあのひとに勧めた。

だが、あのひとはそれらの申し出を、全てきっぱりと断った。

その優しさと頑なな意志に、俺は、ただただ涙する事しか出来なかった。


——そして、あのひととの別れの時は唐突にやって来た。

孫の一人が、命の危険に関わる、重い病気を患ったのだ。医者の力ではどうしようもなかったが、俺の力を用いれば、孫の命を助ける事も不可能ではない。だが、それをしたらあのひとは俺との〈約束〉を破ってしまう事になる。あのひとの苦悩は見るに堪えられないものがあった。

「俺を使え。あんたは、俺にとても良くしてくれた。今度は俺があんたに報いる番だ。もう充分だ。俺に命令して、孫の命を助けてやってくれ」

屋敷の祭壇の前に座って硬い表情を結ぶあのひとに向かって、俺は必死に訴えた。

だが、あのひとは何かを振り切ったかのように優しく微笑むと、いつものように俺に向かってこう言った。

「あなたは何も心配しないでいいの」

　そうして、あのひとは毎日、祭壇に向かって祈り続けた。やがて孫の病状は嘘のように回復したが、代わりにあのひとが床に臥せるようになった。そこで俺は初めて知った。あのひとは自らの命と引き換えに、〈別の何か〉に向かって孫の命を助けて欲しいと願掛けをしていたのだと。

「何て莫迦な真似をしたんだ。そんな事は俺に頼めば済んだ事じゃないか。さあ、『私を助けてくれ』と俺に命令してくれ。すぐに元気にしてやる」

　俺の懇願に対して、あのひとは、ただ頭を振るばかりだった。

「人間なんか嫌いだった。人間なんか皆どうなっても構わないと思っていた。だがあんたは別だ。俺はまだあんたとは別れたくない。これは俺からの願いだ。俺はあんたに『助けてくれ』と言って欲しいのだ」

　それでもあのひとは、床に臥せたままで、初めて出会った頃の事、一緒に自転車で海や山へ出掛けた時の事、街の喫茶店でこっそりとケーキを分けながら食べ合った事などを語り始めた。そして「約束、あなたも守ってね」と言い残して、静かに息を引き取った。

　ぼろぼろと涙を流す俺の背後で、ものの壊れる音が響き、あの呪われた〈箱〉が粉々に砕け散っていた。俺はあのひとの〈死〉と引き換えに自由の身となった事を知った。

だが、俺の心に残った悲しみは深く、自らの意志で屋敷に留まって、孫たちの成長を見守りながら、あのひととの思い出に浸り続けた。

そして家督を受け継いだ孫の一人が、拝み屋の廃業と共に屋敷の改築を行ったのを機に、俺はあの土地を去り、今はこの丹沢に棲んでいる。


——誰かに話しておきたかった。あのひとの名誉の為に。

あのひとは決して、でくの坊なんかじゃなかった。唯、ひたすら俺との〈約束〉を守り続けてくれただけなのだ。俺はそれが悔しくてならない。

今日、お前がこの話を聞いてくれた事を嬉しく思う。

この事を誰でもいいから大勢の人間に話して、大勢の人間に知って欲しい。

そして、何かのかたちで、この話があのひとの子孫にまで伝わってくれる事、それを俺は、心から願っている——。


そこまで話すと、この不可思議な「妖かし」は、欄干の上から身を翻した。

「待って」

彼が森へ走り去ろうとする寸前、Tさんは問い掛けた。

「聞きたい事が有るの。あなたは〈人間〉の事を好きになってくれたの？」

立ち止まった彼は、振り向くと、ぶっきらぼうな口調でこう答えた。

「人間は好きじゃない。でも嫌いでもない」

そう言い残すと「妖かし」は、もう振り返る事無く、丹沢の山中へと消えて行った。


あのひととの「約束」は、今でも守られているとの事である。


【著者追記】

二〇一九年十月六日、筆者は山梨県北杜市郷土資料館にて開催されていた企画展「動物の神様」関連イベント講演会〈御坂のニホンオオカミ頭骨と甲斐周辺の狼信仰〉の講演に参加した。その際、講師の植月学教授より配布された参考資料の中に、関東地方の有名な憑き物の伝承分布図が閉じ込まれており、三浦半島全域で、憑き物伝承があるのは横須賀のみという、興味深い事実を再び発見した。Tさんが文中で出会った丹沢の妖かしの正体は、この伝承の主なのかも知れないという事を、ここに付け加えて置く事にする。

式神

Tさんから預かるお話は、その特殊な職種のせいなのか、とても変わったものが多い。

ここでは、他であまり聞き覚えのないものを幾つか紹介したいと思う。

その時の依頼は、神奈川県の横浜市にある旧家。

既に何名かのその道の人間が調査に赴いたが、原因を掴む事すら敵わず、とうとう彼女にお鉢が回って来たという感じだったそうである。

現場に赴くと、ペットらしい子猫を抱えた屋敷の奥様が直々に迎え出てくれた。

居間に通されたTさんは、彼女から依頼の詳細を伺った。

何でもこちらの奥様は大の動物好きで、犬や猫と一緒に居るのが大好きなのだが、どういう訳か、この家でペットを迎え入れると、すぐ病気になったり、居なくなってしまったりで、長く飼う事が出来ない。

初めは偶然かとも思ったが、何度も似たような事が続くので、屋敷に何かの〈障り〉があるのではないかと、Tさんの師匠に相談が持ち込まれた。

そして何名かの人間が来たが、誰もその原因を掴む事が出来なかったそうである。

そんな調子で奥様から話を伺っていると、彼女が抱いていた先程の子猫がTさんの足元にじゃれついて甘噛みを始めた。

そのかわいらしさに目を細めている、正にその時。

突然、頭上から繰り出された長い竹竿に、子猫が弾かれた。

「あっ」と思って見ていると、続いて二撃、三撃。

小さな悲鳴を上げながら、猫は部屋から出て行ってしまった。

思わず立ち上がって天井を見上げると、竹竿は天井板を通して突き出している。

それが吸い込まれるように消えた。

奥様にはそれが見えなかった様子で、目の前の出来事に、ただ唖然としているばかり。

「天井裏を見せて貰えませんか？」

使用人に頼んで脚立を借り、天板の外せる部分から天井裏に入り込む。ライトで辺りを照らすと、大黒柱らしき太い柱の部分に一枚の古い御札が貼られていて、その脇に昔風の装束を身に着けた、十歳位の男の子が、竹棒片手に立っていた。

どうやらこの子が、この屋敷の〈障り〉の元凶らしい。

そして彼女に見えるという事は、人霊でもない。

Tさんは彼に向かって、気丈に声を掛けた。

「あなたは誰？」

この少年との会話で、なぜこの家に動物が居付かないのか、理由が判明した。

何代か前の屋敷の当主の時代に、そこに生まれた娘の一人がひどい動物アレルギーで、屋敷に動物が侵入すると具合を悪くして死ぬほど苦しみ出す。思い悩んだ当主は、当時その近辺で有名だった、強力な〈術師〉に、屋敷内に動物が入り込まない〈呪〉を施させたのだという。

その時に掛けられた〈呪札〉が、現在でもまだ機能していて、件の女の子が屋敷から居なくなった現在でも、敷地内に入る動物を追い払っていたのだ。

天井裏の少年の正体は、何と〈式神〉だったのである。

「もう、あなたはここに縛られている必要はないの」

Tさんがそう語り掛けながら札を剥がすと、男の子の姿はスッと消えてしまった。

それ以降、この横浜の旧家では、ペットの犬猫が行方をくらましたり、病死したりする事は無くなったそうである。

この件について、私はTさんにある質問をしてみた。

力の強い術師の施した〈呪符〉とは、よく映画や関係資料に見掛けるような、複雑な図形や象形が描かれているようなものなのかと。

すると、意外な返事が返って来た。

「私が依頼を受けた横浜と、その近辺で百年以上前の物だと思うけど、すごくシンプルに『出ズ』とか『入ラズ』とか『ココ←』って書いてある御札に時々出会います。多分、同じ方が書いたのだと思うけど、とっても強力です」

どうやら、そういうものらしい。

童子の間

その時のTさんへの〈依頼〉は、ある大会社の役員を務めている人物からであった。現在は会社を息子に任せて会長職に就き、普段は悠々自適の生活を送っている。彼女が案内された豪奢な邸宅に目を丸くしていると、応接間に現れた会長は、若いTさんを訝りながらも、用件を切り出した。

――実は私は幼い頃、周囲の人間には見えない友達がいた。その子は着物姿の女の子で、私は他の子と遊ぶ事をしなかったから。何故なら私は彼女の事が大好きで、彼女と遊んでいればとても幸せで他に何も要らなかった。周りは気味悪がり、そんな事はやめろと散々叱られた。でも私は彼女と遊ぶ事をやめなかった。ところがある日を境に、彼女は私の前に姿を見せなくなった。

悲しくて寂しくて数日間泣きあかし、様々な場所を探したが見つからない。

今でも一人になると、ついつい懐かしくて、あの子の名前を呼んでしまう事がある――。

「で、君は私の話をどう思うかね？　その女の子は本当に実在したと思うか？　それとも今はやりの空想上の友とでもいう奴なのかね？」

Tさんは少し間を置いてから、こう答えた。

「その子の名前は〈ハルちゃん〉と言うんですよね」

驚愕の表情が浮かぶ。ハッとした会長は、もう一度Tさんの顔を見た。

「まさか、ここにあの子が居るのか！」

彼女が指差したのは、会長が立って居る場所のすぐ脇であった。実はTさんには部屋に通された時点で、既に彼の脇に立つ着物姿の女の子の姿が見えていて、この子は会長とどういう関係なんだろうと首を傾げていたのである。

会長が手を差し伸べると、見えない女の子はその掌を掴んでポロポロと涙を流した。

Tさんの見立てによると、彼女は人間の姿をしてはいるが、所謂〈山野の精〉であり、子供の頃の会長と毎日遊んでいるうちに、すっかり彼の事が好きになってしまった。ところがある日を境に、耳元で呼べど叫べど、彼は返事をしてくれなくなった。途方に暮れたものの、彼女は好きになった会長の側を離れる事が出来ず、現在に至るまでずっと側に寄り添いながら、身辺を〈良くないもの〉から守っていたのだという。

その話を聞いた会長は「ハルちゃん、ハルちゃん、ずっと側にいてくれたのに、気が付かないで御免なさい！」と大粒の涙を流しながら、子供のように泣き崩れてしまった。

現在、この企業会長の大邸宅には、彼の姿なき幼馴染が住む「童子の間」が設けられている。ある時会長に頼まれてTさんが様子を見に行くと、ハルちゃんは部屋中に積み上げられたおもちゃやぬいぐるみに囲まれて、嬉しそうに微笑んでいたという。

呪詛

こちらも、やはりTさんからお預かりした話である。

その日、彼女は、地域の民生委員をしているという叔母の家を訪れた。

Tさんをこちらの道に進むように進言した、あの霊感の強い母方の叔母である。正式な依頼ではなかったが、彼女にどうしても視て貰いたいものがあるという。

叔母の運転する車で連れて行かれたのは、神奈川の某市にある老人福祉施設であった。

そこは、とても設備の整った大きな施設で、内部は一般エリアと認知エリアに分けられており、各部屋はユニット式に仕切られ、清潔でプライベートを重視した環境も良く、なかなか居心地の良さそうな場所だなとTさんは思ったそうである。

一般エリアの中央にある共用スペースで、お喋りをしていたお年寄り達に「こんにちは」

と挨拶をすると、

「どこから来たの？」「お名前は？」「あらあら、誰のお孫さんかしら？」「お腹はすいていない？」「よく来たね」「ちょっとここに座りなさいな」などと予想外の大歓待を受け、暫くの間、彼等の輪の中で、お茶やお菓子を頂戴しながら、楽しい時間を過ごしたそうである。

頃合いを見計らったあたりで、目を細めて見ていた叔母が手招きをする。

お年寄り達に挨拶をして、叔母と一緒に向かったのは、施設の奥の方に位置する認知エリアだった。

そちら側も造りは一般エリアとまったく変わらなかったが、共用スペースに居る入居者の様子は、無表情で何の反応も示さなかったり、苛立って怒鳴り散らしている。

そのエリアに一歩足を踏み入れた刹那、凄まじい悪寒と気配がTさんを襲った。

「こっちよ。この部屋。この中にあるものを、あなたに視て欲しいの」

叔母は認知エリアの一番奥に位置するユニットの扉を指差した。ここに足を踏み込んでから感じ続ける異様な気配は、確かにそこから漏れ出している。

ごくりと息を呑むTさんの目の前で、叔母が引き戸を開いた。

その部屋のベッドの上には、何かでぐるぐる巻きにされた、真っ黒な塊が横たわっている。思わず彼女は叔母の方に振り向いた。

「どう？　この人に何か変わった所がない？」

叔母の言葉に、Tさんの顔から、さっと血の気が引いた。

「これは〈人〉なんですか？」

Tさんの返答に、叔母も顔を強張らせた。

叔母は、彼女の霊視の不可思議な特性を知っている。その言葉で全てを悟ったようだ。

「やっぱり、そういう事なのね」


叔母は全ての事情を語り始めた。

この部屋で縛めに囚われている男性は、つい先週まで一般エリアでごく普通に暮らしていたのだが、突然人が変わったようになり、周囲に暴言を吐いては暴力を振るうようになり、徘徊を行ったり、激しい自傷行為をしたりするようになって、とうとうこの施設では対応出来なくなってしまったそうなのである。

だが、彼と懇意にしていた介護士の一人が突然の豹変ぶりに〈何かがおかしい〉と思って、Tさんの叔母に相談を持ち掛けたのである。

霊感の強い叔母も、ひと目見て様子がおかしいと気付き、それを確かめる為に、彼女をここへ連れて来たという訳であった。

「叔母さんごめんなさい。これは私の手には負えない……」

「いいのよ。何とかして貰おうと思って呼んだんじゃないの。これからの対処を考えなくてはいけないから、普通の事案じゃないという確認が欲しかっただけ。ありがとうね」

叔母は、更に含みのある口調でこう告げた。

「こちらの方ね、相当の資産家らしいの。ご家族の強い希望で、既に〈そういう事〉に対応できる設備のある〈病院〉に転院する手筈になっているらしいわ。本当手際のいいこと。これ、誰が仕組んだのかしら?」

その日、Tさんは自身の無力さを痛感して、まんじりとも出来なかったという。

黒蟠虫

「ああ、良かった、ホンモノの人だ」

体験提供者であるN美さんとの会見は、そんな第一声から始まった。

待ち合わせた場所は東京・武蔵境の某ファミレス。

彼女の不可解な台詞にどういう意味ですか？　と聞き返すと「それですよ、それ」と、右腕のブレスレットを指差した。お会いした事のある方なら「ああ、あれか」とすぐに判ると思うのだが、三峰信仰に傾倒している部分のある私は、右手に狼のヘッドをあつらえたオニキスのブレスレットを嵌めている。

「きちんと手入れしてあるじゃないですか。判ってるんだなあって」

N美さんはしたり顔でにこにこと微笑んでいる。意味が解らない。

どういう事なのかと説明を求めた時点で、彼女もようやく察してくれた様子だった。

「黒いパワーストーンって、とても汚れやすいんです。特に魔除け系のオニキスとか。でもそのブレスはとっても綺麗だったから、ちゃんとお手入れをされていると思って」

状況を呑み込め切れない私に向かって、彼女は軽く頭を下げた。

「御免なさい。実は私〈プロ〉なんです。そっち系の」


N美さんとは、以前私が登録していたSNSで知り合った。

某オカルト雑誌の出版社がバックアップをしていたファンサイトで、管理人は竹書房から数冊の怪談書籍を出されているS・Kさんだったと記憶している。登録者は全盛期に三千人を超えていたと思うのだが、雑誌の休刊と共にサイトも閉鎖されてしまった。

版元が某成人向け雑誌等も発行していた為、コテコテのオカルトマニアと、出会い目的の不埒な輩とが入り混じった玉石混淆なサイトでもあったが、現在でも私に体験談の提供を行ってくれている数名は、こちらで知り合った方達である。

彼女もまた、私の書いていた記事に熱心な書き込みをしてくれていたリンク先の一人だった。肩書はアロマ・アドバイサーで派遣業。その書き込み内容が余りに凝っていた為に波長が合って、やり取りを続けている内に「お会いましょうか」という話にまで漕ぎ付いたという流れである。

そんな形からの取材だったので、私は彼女の事を派遣業のマニアOLさんだとばかり思い込んでいたのだが、よくよく話を伺ってみると、以前はプロフィールに正直な肩書を名乗っていて、サイトを介し二度ほど私のような怪談蒐集者に取材を申し込まれたとの事。

ところが実際に逢ってみると、体験談目的の山師的な黒いオーラが滲んでいたり、腕に嵌めている水晶のブレスが煤けていたりと、一見して〈似非《えせ》オカルティスト〉の印象だったそうだ。

「魔除けのパワーストーンって、確かに良くないものを吸い取る性質があります。でも、あまり知られてはいないんですが、それは自分自身の内側から湧き出る邪念も吸い取るんですよ。そんなので煤けたブレス平気で付けている方って、どう思われます……？」

N美さんのパワーストーンや香料に関しての知識は半端ではないものだった。いま流行のファブリーズのような除霊スプレー等を当時自分で調合していたから恐れ入る。

そんな彼女は、そうした輩に、まず、ありきたりのよくあるお話を披露する。

するとこちらの目を盗んで「チッ」と舌打ちしたりするので「ああやっぱり」と思って

そのままお帰り願ったそうである。

「だから今回はがっかりしたくなくて、試しちゃったんです。そうしたらブレスが綺麗だったんで〈ホンモノだ！〉と嬉しくて、声が出ちゃって」

私はというと、彼女の話を聞いて、肝が冷えてしまった。

言われてみれば、私が携わっているこの「実話怪談」というものは、物書きの中でも、かなり特殊な分野に相当すると思っている。そこに持って来て冠に「実話」という言葉が付いている訳なのだから、取材先の相手がそうした「本物」であるとしたら、こちらの下心など筒抜けの場合も有り得るのだと。

某オフ会で「籠さんが見つけて来るような、そんな話、お目に掛かった事なんかありませんよ」と言い切った、態度の宜しくない若手の書き手さんがいらっしゃったのだが、その理由も氷解した気がした。

要は「相手も品定めをしている」。

〈怪物と戦う者は、その際自分が怪物にならぬように気をつけよ。深淵を覗き込んでいると、深淵もまたこちらを覗き込む〉という、ニーチェの言葉が脳裏を過る。

同時に、恐山奥の院のお不動様の言葉も、私は思い出していた。

そんな私の心境を余所に、N美さんの方は大層気を良くしたらしく、自身の本当のプロフィールを語り始めた。霊感体質で、幼い頃から霊に取り憑かれ易く、体調を崩しがちだった事、その為よく霊能者の元に連れて行かれ、除霊やお祓い等を受けていた事。

しかしその謝礼の金額がそれなりに高く、両親にとってかなり負担な額であった事。

いつしか彼女は「自分で出来た方が安上がり」と思い始めたそうである。

そんな理由でネットを駆使して色々と情報を調べ上げ、信憑性や信頼のあるそちら系の方々の開いているセミナーに参加、指導者の実際の人となりを確認してから師事に付き、そこを土台に、自身の経験や過去に施された除霊やお祓いの方法をミックスして、自分なりの看板を掲げるようになったのだという。

「ちょっと見ていて下さいね」

彼女は密教の印を組んだような〈結び〉を作り、目の前に置かれたグラスの水を指差した。

「どうぞ。カルキ抜けていますから」

口に含んだグラスの水は、まるで富士の湧き水のように、味が美味しく変わっている。

「水に〈美味しい〉イメージを入れたんです」

私の驚きを余所に、N美さんはにこにこしながらそう言った。

「私、あなたの事気に入りましたから、知っている事、何でもお話しますよ。どんなのが宜しいですか？」

仕方が無い。ここまで来たらと大きく溜息を吐きながら、開き直ってこう申し出た。

「そうですね。今まで聞いたことの無いような、思い切り凄いヤツがいいです」

「ありますよ。幽霊出ませんけど、いいですか？」

思いがけない台詞に、私は眉を顰めた。

「それは、どんな？」

「〈化け物〉の話です。私が関わった件で、正体の判らないものが二つあるんですが、その内の一つは依頼者との約束でお話出来ません。ですから、私自身の体験した、もう一つの方をお話します……」

――それは、N美さんが大学生だった頃の話である。

彼女は、そこで風変わりなサークルに所属していた。

「秘密結社研究サークル」という名称の団体で、その名の通り、世界中に存在すると言われている秘密結社について討論したり、フィールドワークを行ったりする、何とも奇態かつ奇妙な活動をしていたサークルで、東京にあるフリーメイソンの支部を（こっそり）見学したり、某日蓮宗系団体や地下鉄テロを起こした某危険団体の支部に出入りする信者らを陰で観察してレポートを作成したり、ハサンやイルミナティについての研究セミナーという謳い文句で、男女混合のコンパを開催していたという。

驚いた事にN美さん自身も、そのサークルの活動の中で、イギリスの有名な魔術結社〈黄金の夜明け団〉に英文で親睦メッセージを送った事があり、本当かどうかは不明ではあるが「あなたが〈黄金の夜明け団・日本支部〉を主催してはどうか」という、返信の手紙まで届いたそうである。

大学に入学して、同じゼミの同級生から誘いを受けた時に、まだ〈プロ〉の看板こそ出していなかったものの、先述の理由で既にオカルト知識に長けていた彼女は大変興味をそそられ、この変てこな肩書のサークルへ入会した。オタク、好きもの、真面目な研究者、オカルト女子目当ての冷やかし会員が混在したカオスなサークルではあったが、雰囲気は悪くなく、人望のある三回生の部長の下、物騒な名称の割には、和気あいあいとした感じで運営が成されていた。

そんな和やかな生活の中で時が過ぎ、季節が夏を跨いだ頃には、サークル仲間の男女同士でポツポツとカップルが結成されるようになり、夏季休講を終えて新学期が始まった秋口辺りには、大半の会員がペアを組んでいた。

彼女が、サークル仲間のKという男性と知り合ったのは、ちょうどそんな頃だった。

大学の三回生で彼女より二つ年上。

この彼との交際を始めた理由は、ただ単に気が付いたらサークル内でN美さんと彼だけが〈取り残されていた〉からだという。会合や飲み会が終わると、メンバーはそれぞれのパートナーを引き連れて、次のラウンドへとしけ込むように街中へと消えて行く。いつもそこで取り残され、何となく手持ち無沙汰となった彼女とKが「そこらでお喋りの続きでもしようか」とお茶に誘い誘われしたのが皮切りだった。

Kは特に美男子という訳でもなければ、サークル内で目立つ存在でも無かった。

大人しくおっとり気味の、どこかのお坊ちゃんみたいなやんわりした印象の男性で、活発で遊び上手な男子学生の中に紛れ、影の薄い存在ではあったが、一対一で話してみると、非常に知的で物腰が柔らかく、若い男の子特有の押しつけがましさも無い。一緒に居ると、どことなく落ち着く感じが好ましく、話してみれば話題も豊富、身に着けているのも大抵はブランド物で、育ちの良さと家庭の裕福さも窺わせる。何度かお茶や食事という名目のデートを重ねている内に、彼女はKの事を、仄かに好ましく思うようになっていた。

どうやらそれは彼の方でも同じものを感じて居たようで「君は他の女性と違って、雰囲気が落ち着いていていいね」としきりにN美さんを褒めてくれた。大学には実家から通っているという事でもあったが、他の男子のように、少し懇意になったからと言ってそのままラブホに誘い肉体関係に持ち込もうという気配も見せない。

彼の全てに於ける控え目な振る舞いには、むしろ彼女の方がやきもきする位だったそうである。


そして、それから数か月経ったある日。

吉祥寺の映画館でKと洋画を鑑賞し終えた後、レストランで一緒に食事をしている時、珍しく彼の方からこんな話題を切り出して来た。

「僕ね、実は結婚願望が強いんだ」

やっと来たか、とN美さんは心の中で微笑んだ。

同時に、Kのもたつき気味な態度にも合点が入った。彼はN美さんの事を、単なる青春時代の思い出としてではなく、結婚を前提とした相手として見据えていたのだと。

勿論、女心としてそれは嬉しかった。

この頃には既に彼女の方も、ぼんやりとではあるが、こんなに優しい彼と、ずっと一緒に暮らすのも悪くないなと思い始めていたのである。

心の中で勝利の女神が微笑んでいたものの、そこはそれ。足元を見られぬように、あくまで清楚に慎み深く、一旦彼への返事を濁した。

「今どき珍しいのね。男の子って、もっと沢山の女性と経験を積んで、他に自慢したがるものかと思っていた……」

Kはとても困ったような顔をしてから、

「母がね、早い内に僕が身を固めたところを見たいって、しきりに言うもんだから」

(えっ？　この人、マザコン……？)

彼女の一瞬の動揺を、Kは見逃さなかった。

「誤解しないで。少しはそういうのもあるかも知れないけど、核心はそうじゃないから」

「どういう意味？」

やはり言いにくそうに彼は続けた。

「うちの家系、早死にが多いんだよ」

彼の口から飛び出した意外な台詞に、N美さんは目を丸くした。

「知っている限り、僕の身内は長くても五十代位までしか生きている人間が居ないんだ。父親は幼い頃に亡くなっているし、妹も僕が中学生の頃に病気で死んでいる。父方の二人の兄の家系も辛うじて従兄弟が一人残ってるけど、そこを残して、みんな死んじゃってるし、二年前には母の妹、僕の叔母が癌で亡くなってる。母より五つ年下で、まだ四十代の半ばに差し掛かった位の年齢だった。そこも従兄弟が二人居たんだけど、二十歳と十六歳で病死しちゃって、もう、そっちの家系は絶えちゃうらしくて。そんな調子なんで、母親が私もそんなに長くないかもって、すっかり弱気になっちゃってね。だから、早く孫の顔を見せてあげたいと言うのも、確かにある」

いつもはおっとりとして温和なKの口調に、妙な熱が込められていた。

「それは単に母だけの問題じゃなくて、もしも今、母に何かあったら、僕自身がこの世に一人きりになってしまうんだ。だから僕は冷やかしや遊び相手じゃなくて、女性とお付き合いをするのなら、人生の伴侶となってくれるような、しっかりした性格の女性が理想だと、ずっと思っていたんだ……」

咄嗟に返す言葉が出なかった。

恋心を抱いた相手から告白された事は確かに嬉しい。しかし突き付けられた事実《モノ》に対して、僅かな戸惑いを覚えたのも確かであったからだ。

「そういう相手として選んだ君だから、ちゃんと言って置く必要もあると思って告白するんだけど、僕は、以前にやはり結婚を前提に交際していた相手が居た。明るくて素晴らしい女性だと思っていたけど、彼女、突然ゼミにもサークルにも来なくなって、気が付いたら大学を退学して郷里に帰ってしまったんだ。そんな感じで少し前まで傷心の最中でね、もう女性とは関わりを持たない方がいいとまで思っていたんだ……」

目線を下げて俯く彼の表情は、とても痛々しい。

そんな事情があったから、彼は自分に自信を失って、新しい交際相手である私に、慎重且つ繊細に接してくれていたのかという、切ない想いが心に湧いた。

「僕は確かに長男だけど、結婚しても、母は別に同居しなくてもいいと言ってくれている。お前がいい人と、早く身を固めてくれればそれでいいからと」

「そういう事情があったのね」

「まあ、だから結婚云々は早急としても、どこかで機会を作って、母と会って貰えると助かるなあって……」
　Kがそんな台詞を口にした刹那。
　彼に対する感情とは別のものが、N美さんの全身を震わせた。
　筋肉ががくんと強張り、鳥肌が走る。
　それは彼女にとって、忌まわしくも馴染み深い、あの感覚。
〈霊〉が彼女に憑依しようとする時の感覚に似ていた。だが、少し違うとも。
　弾かれたようにKから距離を取る。彼は驚いた表情でN美さんを見た。
「あ、御免なさい。お母さんの事、突然だったんで、びっくりしちゃって」

　実は彼女は、この時点で自分が霊感体質である事をまだKに隠したままだった。自身で除霊等は出来るようになっていたものの、ひとたび霊に取り憑かれると突然倒れてしまったり、何日も寝込んでしまったりする。その為高校時代には友人らに〈面倒臭いヤツ〉という目で見られていた苦い思いがあったからだ。今はまだ、そんな自分を彼には知られたくない。N美さんの方もまた、もっと気心が知れた時点で話そうと思っていた矢先に、Kの側から先手のカウンターを喰らったような、微妙な気分でもあった。

何だ、という顔に戻り、Ｋは微笑んだ。

「そうだよね。いきなり結婚を前提だなんて、君の気持ちも聞かないで一方的に紹介するなんて言われたら、だよね。御免。でもこの件、少し考えてくれるといいな」


その日、Ｋはいつものように N美さんを三鷹にあるアパートまで車で送ってくれた。

優しい微笑みを湛え、帰り際に運転席から手を振る彼の態度はいつもと変わらない。

彼女もにっこり笑って手を振り、Ｋを見送った。

夜の帳《とばり》の中へと走り去る赤いテールランプを見送りながら、N美さんは思っていた。

吉祥寺のレストランでのディナー中に、突然彼女を襲った〈おぞけ〉の正体は何だったのだろう。それはKが「母親に会ってくれ」と言った途端に、その片鱗を見せた。家系に早死にが多いという事も、妙に引っ掛かった。

（あの人、何かの霊にでも取り憑かれてるの？　昔の彼女とか）

いや、それはないと頭を振る。

早死にの件については、前の彼女と別れる前から起きていた様子であるし、第一、そんな事ならすぐ判る。霊感体質の彼女が気付かない訳が無い。Kとの付き合いはもう半年以上になるのだ。

あれは一体何だったのか。

Kとの良好な関係に一抹の翳りが差したのを、彼女は敏感に感じ取っていた。


それから数か月は、何事もなく過ぎ去った。

再びKと会ってデートを重ねても、あの正体不明の〈おぞけ〉を感じる事はなく、さしものN美さんも、あれは体調か何かの理由に依る勘違いではなかったのかと思えるようになっていた。

その週の日曜も、N美さんは彼とのデートを約束していた。

湘南方面へのドライブ。目的地ははっきりと決めず、風景を楽しみながら、良さそうなポイントを見つけたら、車を止めて立ち寄るという気儘な日程。

いつものように吉祥寺の駅前で待ち合わせ。

時間ピッタリに彼の車が到着し、N美さんは笑顔で助手席へと乗り込んだ。

二人を乗せた車は、井之頭通りから首都高速の入り口がある甲州街道方面へと走り出す。

天気も上々、絶好のドライブ日和である。

互いの近況やゼミの様子、サークル仲間や共通の友人に対する会話をひとしきり交わしたところで、Kが不意に話題を変えた。

「――ところで、もうそろそろ、以前話した件の、返事を貰えないかな」

「え？」

「ほら、僕の母親に会って欲しいと言う、例の件……」

そこまで彼が呟いた時、N美さんは異常な悪寒に襲われた。

全身の筋肉が引き攣り、鳥肌が走る。

あの気配だ。

横を向いた彼女は絶句した。

運転席に座り、道路を見据えて慎重にハンドルを捌くKの姿。

その左肩口と首筋から、異様なものがはみ出ている。

宙をのたくるイメージは、大振りの真っ黒な鰻《うなぎ》に似ていた。

だがそれには、目も鼻も口も無い。

そんなものが三本、Kの肩口と首筋から這い出て、獲物を捜す蛇のように、ゆらゆらと鎌首を擡《もた》げているのだ。

(なに、あれ……?)

悲鳴が喉で凍り付く。

彼女の気配を察知したのか、そのひとつがこちらを向いた。

全身をバネのように反らせ、一気に跳躍する。

突き出した彼女の右手を通り抜け〈そいつ〉はN美さんの胸元へと突き刺さった。

「ぐっ!」

激痛が走る。体内に潜り込まれた。

彼女の悲鳴にKが振り向くと、はみ出ていた残りの長虫は、彼の体内へと引っ込んだ。

「おい、N美さんどうした?」

苦悶の表情を浮かべる彼女を見て、Kは慌てて車を停めた。

「顔色が真っ青じゃないか! 一体どうしたんだ!」

介抱しようとするKの手を払い退けて、胸元を押さえたN美さんは叫んだ。

「駅に戻って!」

「ええ? どうしたんだよ?」

「いいから、駅に戻って……！」

呑み込めない表情で、車をUターンさせる。

吉祥寺の駅前に到着すると、彼女はKを置き去りにして、弾かれたように車外へと飛び出した。

後方から彼の叫ぶ声がする。

何を言っているのかは聞き取れない。それどころではなかった。

〈異様なもの〉に、体内に入り込まれた。

それは今、彼女の内側で不気味な蠢動を続けている。胸の部分がきりきりと圧迫され、N美さんは路上で蹲り、何度も吐いた。

駅の反対側で辛うじてタクシーを拾い、自宅アパートへと向かう。

(早くこれ、出さないと……)

他の事を考える余裕も無く、部屋に辿り着くと、薄れそうな意識の中で、N美さんは香を焚き、〈除霊〉の準備を始めた。

精神力を振り絞って瞑想を行う。

（これは何？　なぜKの中に、こんなものが居るの？）

鳩尾《みぞおち》の内側に蟠《わだかま》る違和感を押さえながら、彼女は呻いた。この世に属するシロモノでないのは間違いない。だがこれは何なのだ？

これまで彼女を苛んで来た、死霊や生霊の類ではない。

それどころか、見識の深いN美さんすら、見た事がないものだ。

考えを巡らす余裕は無い。

深く息を吸い込んで呼吸を整え、体内の異物に集中する。

取材時にもお伺いしたが、彼女の〈除霊〉方法は、気功を応用したものだ。私の目の前で水の味を変えてしまった、あのやり方である。自らの内側で作り上げた〈気〉をイメージに変換して、貼り付いたものや、入り込んだものを引き剥がすのである。

――この時のイメージは、両手だった。

〈気〉で作り上げた両手を、自身の内側へと差し入れる。そして鳩尾で蠢くあの長虫の気配を鷲掴みにして、一気に引き出す。

引き出す筈だった。

そいつは、煮込み過ぎた饂飩《うどん》のように、途中でぶちりと切れた。

（なにこれ！）

焦燥の色が浮かぶ。人間の憑依霊ならこのやり方で、芋蔓を引いた芋のように、身体からガバッと抜けて来る。だが、あの黒い長虫の気配は半分以上、体内に残っていた。

もう一度、イメージを固める。

また、ぶつりと切れた。まるでトカゲの尻尾切りだ。

額に脂汗が滴り落ちる。もう一度。

彼女はイメージで練り上げた自らの両手を、何度も鳩尾に突っ込んだ。

そのまま数時間が経過して、あとひと息というところで、N美さんの精神力は尽きた。

体内に残る〈化け物〉の気配はあと僅か。

遠くで携帯の着信が鳴っている。

コールの登録音でKと判ったが、とても電話に出るだけの体力はない。

いや、もう出る気もしない。

取り敢えずひと眠り、と思ったところで、意識が闇へと落ちた。

途方も無い吐き気と不快感で目が醒めた。

時計を見ると午後九時を指している。自らの吐瀉物で噎せながら上体を起こしたところで、N美さんは戦慄した。

体内の〈化け物〉の大きさが元に戻っている。

心の中で悲鳴を上げながら歯を食い縛り、N美さんは再び〈除霊〉を開始した。

何度も、何度も。

何度も、何度も……。


結局、大学は二週間休んでしまった。

自身に何度も〈除霊〉を施し、〈化け物〉を体内から取り出しても、ほんの僅かな欠片を取り残すと、翌日それは再び元に戻っている。

それは、途方も無い恐怖だった。

外出はせず、冷蔵庫のものだけで飢えを満たし、Kのように、あの悍ましい〈化け物〉が自分の中で増殖を始めない内にと、ひたすら〈除霊〉を繰り返した。

気が触れてしまいそうな日々の中で、なぜKの前の彼女が、突然行方をくらましてしまったのかも理解出来た。きっとこれと同じ事か、それに近い事が起きたのだ。

——その彼女、生きてるかな？

Ｋからの着信は五十を超えていたが、一切無視した。

十日を越えた辺りで状況に変化が生じた。体内の化け物が、元に戻らなくなったのだ。

ここぞとばかりに、Ｎ美さんは〈異物〉を引き抜き続けた。

原因は判っている。

Ｋに対する彼女の気持ちが離れてしまったからだ。あの〈化け物〉は、彼との婚姻の話が出た時だけに反応して現れ出た。

要は、彼に関わってはいけないのだ。


大学に復学してからも、Ｎ美さんはＫの居るゼミの場所を意図的に避け、サークル活動にも参加しなくなった。Ｋは何度もアパートにやって来て、玄関のチャイムを鳴らし、携帯に幾十もの着信を入れて来たが、それらも一切無視した。

情を掛けてまた行来が始まってしまったら、あの〈化け物〉の取りこぼしが、体内で復活を始めるかも知れないと考えたからである。

それから数か月。

N美さんは風の便りで、Kが大学を辞めたという話を聞いた。

以降、彼女の身体に〈異常〉が現れる事はなく、現在に至っているのだという。

——手に汗を握るという言葉があるが、その時の私の状態が、正にそうだった。

ここは大勢の人間で賑わっている都会のファミレスの店内だ。しかも白昼である。

にも拘わらず、N美さんの話が終了した時、全身は強張り、掌にはべっとりと汗が滲んでいた。喉がからからに渇き、目の前に置いてあったアイスコーヒーを一気に呑み干す。

何だ、この話は？

単なる怪談や幽霊談の域を、遥かに凌駕してしまっている。

「どうでしたか？　冷やかしの方にこんな話を語っても、絶対信じてくれないでしょう？『この女、頭がおかしいんじゃないか』って思われるのがオチですよ。だから、そういう事が判る方じゃないと、話したくなかったんです」

確認するような目付きで、N美さんは呟いた。

「で、籠さんはどう思われます？　Kに取り憑いていたそれ、何だと思います？」

「初出の話なんで、何とも言えない部分はあるんですが……」

その名を口にするのは、どうにも気が憚られた。

「〈黒蟠虫〉かと」

何ですかそれはと、N美さんは眉を顰めた。

〈プロ〉である彼女ですら、その名称は聞き覚えが無かったらしい。

それはそうだ。私にしたって、こんな話に遭遇しなければ、単なる知識の欠片として時間の経過と共に、記憶の隅へと仕舞い込まれていたであろうから。

「〈くだぎつね〉の幼生です。呪術関連の資料で見掛けた記憶があるんです。真っ黒な、目鼻の無い線虫のような姿をしていて、取り憑いた相手の体内で七十五匹に増殖し、やがて宿主の精神と肉体を食い尽くした後に合体して体外に飛び出し、一匹の〈くだぎつね〉になると言われています。勿論、寄生されていた方は死んでしまうんですけどね。いちおう、伝承上の存在と言う事になってますけど……」

さすがのN美さんも押し黙ってしまった。

「〈くだぎつね〉は広島や島根の方で〈ゲドウ〉と呼ばれますが、この〈ゲドウ〉も一つの群れが七十五匹で、ゲドウ持ちの家に娘が産まれるたびに群れが一つ増え、その娘が嫁に行くと、群れが一緒に嫁ぎ先について行くという伝承があります。だからゲドウ持ちと婚姻をすると自分の家もゲドウ持ちになってしまうため、他の憑きもの筋と同様に、そのような婚姻はするべきではないと言われてます。また、〈ゲドウ〉は自分のいる家が繁栄している間は人に憑くことはないが、その家が衰退し始めると人に憑き、やがてその家系は死に絶えて、滅びてしまうとも……」

深い溜息を吐きながら、私はこう続けた。

「これも迂闊に口にしたくはないのですが、あなたが体験された出来事は〈黒蟠虫〉が新しい宿主に移ろうとする、正に〈その瞬間〉だったのではないかと」

「何でそんなものが、Kの家系に取り憑いて……？」

「さあ、私もそこらへんが。だから何とも言えないという感じなんです。ただお話を伺っていると、彼の家系はそこそこ裕福ではあるが、早死にが多いとの事で、ここら辺もまったく、伝承通りかと」

「中国は、何か関係ありませんか？」

突然、何かを思い出したように、N美さんが顔を上げた。

「実は、私の中に〈あれ〉が入っている時、朦朧とした意識の中で、中国の水墨画みたいな風景がしきりに見えたんです。それで、当時思った事があって」

「どんな事ですか？」

「Kはおじいちゃん子だったそうなんですが、その大好きだった祖父が、戦争中に満州の憲兵を務めていたと、よく話してくれたんです。サーベル差した軍服姿の写真がとっても格好良かったって。でも、私は戦争の話は好きではないから、単に聞き流していただけなんですけど」

頭の中でパズルのピースが、かちりと嵌まる。この異談の元凶は恐らくそれだ。私は彼女に向かってこう告げた。

「〈くだぎつね〉の原産地は、中国大陸とも言われているんです。そして、道教等にも〈くだ憑き〉と似たような、憑き物系の呪術が存在しています」

「彼のお祖父さん、向こうで、一体何を……」

——伝承が、闇からこちらを覗き込んだ。

青褪めた顔の霊能者を横目に、私はこの呪われた異談を、心の中でそう締め括った。

盲目

〈黒蟠虫〉を提供して下さったN美さんから「こっちは〈化け物〉が出ませんけど」と言いながら、もうひとつお話をお預かりしている。実話屋の私の立場としては非常に興味深い内容なので、こちらも紹介してみたいと思う。

霊感体質の彼女は、昔からよく金縛りに遭ったそうだ。
知識と経験を積んだ今となっては、それほど怖い事でも無くなったし、予防法も身に付けた。それでも我々が「ついうっかり」をやるように、プロの方でも、そういう事はままあるそうである。

——その晩、いつものように寝ていると、真夜中にぱっちりと目が醒めた。

きぃーんという耳鳴りと共に、何かが近付いて来る感覚。

(あっ、いけない！　枕元にお守り置き忘れた！)

そう思った刹那、全身の筋肉がピシっと硬直してしまった。お定まりの金縛り状態である。こちらもまた王道的に、自由になるのは眼球の動きだけである。

やれやれ、とN美さんは心の中で溜息を吐いた。

金縛りは慣れっこになっているので、もはや現象自体は怖くない。

しかし、その後、枕元にやって来る〈連中〉に対しては、まだまだ免疫があるとは言い難い。血塗れだったり、首が無かったり、顔半分が潰れていたりするものを見てしまえば暫く食欲は減退するし、中には布団を通して胸や太腿を〈触って〉来る、不埒な輩も存在する。

(変なのが来ないといいなあ……)

彼女がそんな事を考えていた刹那。

ベッドの足元に、男が立っていた。電気が消えて真っ暗な筈の部屋の中で、何故かその男の人相風体はぼんやりと認識出来た。

カーキ色の作業服姿、近場でよく見掛けるような中年男だ。

但し、生きている人間でない事だけは直ぐ判る。

男には、眼球が存在しなかった。

眼窩にはぽっかりと、黒々とした二つの穴が開いている。

N美さんが固唾を呑んでいると、目の無い男は不意に、こんな事を呟き始めた。


――こんな話を聞いた事があるか？

生きている時に嘘を吐くと、心に僅かだが〈曇り〉が生じる。

これは生きているうちには、どうにも仕方の無い事だ。

だがな。

そのまま図に乗り嘘を吐き続けると、その〈曇り〉はどんどん大きくなるそうだ。

そして俺のように死ぬまで、ずっと嘘を吐き続けると――。


「こうなるんだとよ。あの世に行く道が見えなくなるんだと」

男はにやりと笑って、自分の目を指差した。

「じゃあな」

男はそう言い残すと、マンションの壁の中へと消えて行った。

「よく〈怖い話〉をしていると〈集まって来る〉って言いますよね。そういう場所って、大抵霊感の強い方が一人や二人は居て、そんな盲目の〈彼ら〉の様子を察知してくれるからだって、私は思っています」

作業服の男が、何故N美さんにそのような事を告げに現れたのかは、まったく不明なのだそうである。

目撃

「このくらいの大きさだったわよ」

K恵さんは、両手で私の目の前に、五十センチくらいの縦の輪を作った。

彼女のご主人は長距離トラックの運転手。

言うまでもない事だが、ランダムなシフトの長時間勤務。

しかも肉体労働という3K。

休日なども、あってないようなものなので、二人の会話する時間などあまりない。

仕方が無いので、休日に突然仕事などが入ったりした時は、トレーラーの助手席に陣取って長旅の世話役に徹したりする。

良き女房である。

その日。

二人の乗ったトラックは、静岡県のある峠を通過中であった。

夜明けに東京を出て、目的地近くの国道一号をひたすら南下。

日が高く昇り始める頃、取りあえずの話題も尽き、軽い疲労感を覚えながら、彼女は窓ガラスに凭れて前方を眺めていた。

前日に降った雪が、道路の両側に降り積もって、白い雪庇《せっぴ》となっている。

彼女がぼんやり外を眺めていると、トラックは大きな右カーブに差し掛かった。

後方に引っ張っているトレーラーの内輪差を計算して、ご主人がぐいっと大きくハンドルを切り込む。

コーナーに差し掛かる瞬間、奇妙なものが見えた。


雪の積もった正面の雪庇の上を、ぴょんぴょんと跳ねる黒い姿。

背中には、戦闘機の尾翼のような、かっきりとした一枚羽が二つ。

横一文字の白い線と、黄色に朱で書かれた梵字が、鈴懸に描かれていたそうである。

「……？」

通過する瞬間、振り向いたそいつとガラス越しに目が合った。

真っ黒な肌と、尖った嘴。頭に被った頭巾。

ギョロリとした、大きな目。

そいつはK恵さんと目が合った瞬間、〈しまった〉というような表情をした。


「か、烏天狗……⁉」

「あ？」

運転に集中していたご主人に、その姿は見えなかったらしい。

「いまのカーブんとこ！　烏天狗が……雪んとこ登ってた！」

「馬鹿な事言ってんじゃないよ！」

ご主人はハンドルを操作しながら、鼻で笑った。

と、次の瞬間、その表情がみるみる強張る。

「あれ……」

トラックを徐行させ、前方を指差す。
K恵さんは、その方向を見た。
道路の先に、小さな小川が流れ、そこに橋が架かっている。
欄干には「天狗橋」と名前が書かれていた。

ロッジ

山梨県丹波山村の民俗資料館で学芸員を務めているT崎さんは、同村内の文化財保守担当係も兼任している。

彼女とは二〇一四年に秩父三峯神社で開催された『フォーラム・ニホンオオカミ二〇一四』の会場にて知己を得た。私の異談蒐集活動に対し、歴史・民俗学的な観点から沢山の助言を戴いている存在である。親友と呼んでも差し支えない。

そんなT崎さんからも幾つか話をお預かりしているので、ここに紹介してみようと思う。


彼女が小学生の頃の話である。

T崎さんの御両親はとてもアグレッシブな性格をしていて、しかも家庭というものを大切に考えていたらしく、休日には家族でドライブや旅行に出掛ける事をとても好み、T崎さんも、今週末はどこに出掛けるか、来月はどこに泊まりに行くかという両親の立てる計画を、とても楽しみにしていたそうである。

その年の冬の家族旅行は、長野県の某スキー場にロッジ宿泊の予約を取って、一泊二日でスキー三昧という計画が組まれた。

両親や弟と一日中、真っ白なゲレンデでの滑走を満喫した後、温泉に浸かり、地料理に舌鼓を打ち、リビングで楽しく一家団欒を満喫したが、いよいよ夜も更けて瞼が重くなって来たので、翌日に備え就寝という事になった。

その部屋の寝室は、中央が通路となっており、両壁の脇に二段ベッドが一基ずつ置かれているタイプであった。両親は室内側、T崎さんと弟は窓際の二段ベッドにそれぞれ分かれ、年長であった彼女はベッドの上段側に、弟は下段側に陣取って眠りに就いた。

——ドン、ドン。

真夜中、T崎さんは不審な物音に目を覚ました。

何だろうと思って目を覚ますと、誰かが部屋の向こう側から、壁を叩いている。

うるさいなぁと思って寝返りを打ってから、ふと思い出した。

ここは自宅ではなく、旅行先のロッジだった。しかもT崎さんらが泊まっている部屋は一番端の角部屋で、壁の向こうは雪の積もる外である事を、昼間確認している。

——ドン、ドンドン。

誰が外から……、と考えてから、背筋が寒くなった。

彼女が寝ている二段ベッドの上段側は、床から一メートル六十センチ位の高さにある。更に土台の部分があるから、外から壁のこの位置を叩く人物の身長は、二メートル以上はなければいけない筈だ。

はっと意識が追い付き、半身を起こす。

それに気が付いたかのように、外壁を叩く音は激しさを増した。

——ドン、ドン。

ドンドン、ドンドン。

バン、バンバン、バンバンバンバン！

彼女の目の前で、異様な光景が展開された。

ロッジの木目調の壁に、無数の白い手形が浮き出したのである。

今でこそ私の相談役を務めるT崎さんだが、この時はまだまだ無力に近い小学生の頃だ。悲鳴を上げて転げるようにベッドから逃げ出した。

騒ぎを聞き付け、灯りが点り、両親が何事かと彼女に声を掛けた。

「誰かが外から壁を叩いてる。あそこでは怖くて寝られない」

怯えた声でそう話すと、父親がじろりとベッド上段を睨み付けながら、

「よし、それなら場所を替わってやる」

気丈に言い放つと、壁側の上段ベッドへずかずかと登って行った。

「さあ、もう大丈夫だから寝なさい」

母親にそう促されたT崎さんは、それまで父親の寝ていたベッドに横になった。

耳を澄ませば、やはり壁を叩く音は聞こえている。

だが、家族の前で気丈に振る舞ったのか、それとも本当に気にしていなかったのは判らないのだが、父親は平然と横になって寝息を掻き始めた。その様子を見ているうちに、緊張が解けたのか、昼間の疲れが出たのか、彼女もそのまま眠ってしまった。

翌朝。

目を覚ますと室内には陽光が満ちていて、両親は何事も無い顔をしながら「おはよう」とT崎さんに声を掛けた。弟を起こしがてら外を覗くと、二段ベッドの位置はやはり地面から三メートル近い位置にあり、雪の上には足跡などもない。両親が何も言わないので、あれは悪い夢だったのかもと思っていると、チェックアウト時に「夕べ、自分らの部屋でこのような事があった」と父親がフロントを問い詰めた。

それを聞いたフロント係は顔を曇らせたが「私がこちらに来る前なので、詳しい事は判らないのですが」と前置きをしながら、このロッジは以前、T崎さんらの泊まった部屋の先にも、建屋があった事を告げた。

だが、何かの理由でその部分は取り壊され、現在のような造りになっているのだとも。

その理由は私も知らないのだと、係の者は頭を下げたそうである。

「私の幽霊的な体験と言ったら、それ位なんですけどね」とT崎さんは頷いた。

奉納演武

　こちらも、T崎さんよりお預かりした話である。

　彼女は大学に在学中、居合道部に所属していた。

　この部では、春と秋に、大学と関係のある他県の大きな稲荷神社の境内で、稽古の型演武を神前で行う〈奉納演武〉の習わしがあったそうである。

　ところがその年の春の演武の際に、二年生の部員数が足らず、欠員分三名を一年生が演じる形になり、高校生の頃から剣道でならしたT崎さんはその一人に選抜された。

　拝殿前に集合して、いよいよ演武開始となり、神座への礼、刀礼を行い「××大学、一年、××△△！　始めます」と名乗りを上げての型演武が始まった。

　座った状態から、鞘より鋭く刀剣を抜き放ち、さらに速やかに納刀。

ところが演目を終わって戻った一番手の女子部員が、首を傾げている。どうしたのかと尋ねてみると、左手の中指の辺りがパックリ切れて、そこから血が滴っていた。本人は切った覚えはないと首を傾げるのだが、居合というものは、刀を鞘に戻すとき、意外に切っ先に手を当てて切ってしまう事がある。多分、演武に必死で気が付かなかったのだろうとT崎さんは思った。

そして、一年生二番手の、彼女の演武となった。

神座への礼、刀礼を行い、拝殿前で名乗りを上げて演目に入る。

だが、演武の途中で、T崎さんも異変に気が付いた。

いつの間にか、左手首の部分がパックリ割れて、真っ赤な鮮血が滲んでいる。

T崎さんは上下白の道衣だった為、血が付くと目立ってしまう。袖口に血を付けないように演武するのが大変だったそうである。何とか上手く誤魔化しつつ、演目を終えると「私もいつの間にか傷が」と先の部員に声を掛けた。

「これでヤツも血が出たら、絶対に何かあるね」

そんな会話を小声で交わしながら三番手の一年生男子の演武を眺めていたが、この時は、特に何も起こらなかった。

何だ、やっぱり偶然だあと先の部員と会話を交わし合う。その後の二年、三年生の型演武も何事もなく終了して、奉納演武は幕を閉じた。

ところが。

直後に開かれた直会の際に、三番手を演じた男子部員が、突然「うっ」と呻いて両手で顔を抑えた。

その指の隙間から、ぼとぼとと鮮血が流れ落ちた。


T崎さんがこの件を心得のある方に話すと、「型が未熟だったからじゃないかなあ」と告げられた。

「あそこのお稲荷様は正一位の気位の高い方だから、刀の切っ先を拝殿に向けてしまうのは失礼に当たるんだ。だから神様から〈気〉を当てられたんだと思うな。君達は型演武のときに、そこまで気が回らなかったんだろう。今度よく見てごらん。二年生や三年生は演武する時、拝殿に切っ先が向かないように演武していると思うから」

実際、その後練習を重ねて型に磨きを掛けた部員たちが、秋の奉納の際に、件の稲荷神社で演武を行っても、今度は何も起きなかったそうである。

白狼

私がT崎さんと知り合った『フォーラム・ニホンオオカミ』の会場・秩父三峯神社は、今でこそマスコミに取り上げられて有名になっているが、少なくとも十年ほど前までは、怪談仲間の間でその名を口にしても「どこにあるんですか？」と質問される位の場所だった。だが、一部のマニアの間では狼を神使として祀る〈狼信仰〉の聖地として、また、狐憑き等の〈憑き物落とし〉の神社として、既に名が知れた存在である。

奥秩父・三峰山、標高一一〇二メートルの山中に鎮座するこの社は、秩父三大神社のひとつとして数えられ、ヤマトタケル伝説やお犬様信仰など伝説が数多く残っている。

神社駐車場を降りて、朱色の巨大な山門を潜り、石燈籠の並ぶ参道を暫く歩くと、狛犬ならぬ、たくさんの狛狼達が参拝者を出迎える。やがて石段を登ると、二匹の阿吽の白狼が鎮座する、壮麗な拝殿が眼前に聳え立つ。

数年前に、あるご当地紹介番組のランキング一位にノミネートされ、その時にお宮の中を駆け巡る不可思議な光が全国ネットで放映されて以来、人がどっと押し寄せるようになって鳴りを潜めてしまったが、それ以前は、一度足を運ぶと、必ず何らかの不思議が起こるので、勝手に〈いち三峯いち不思議〉と呼んでいた程でもある。絶滅した筈のニホンオオカミの姿を見た、山中で迷って狼に道案内をされ救われた、宿坊である興雲閣で何人もの宿泊客が夜中に狼の遠吠えを聞いたという話も数多くあり、私とT崎さんが交流を交わす事になったのも、こうした三峯の霊威と言って差し支えないと考えている。

ここで紹介するのはT崎さんが『フォーラム・ニホンオオカミ』の壇上で語った話を、私が再び取材して再構成し直したものである。

二〇一二年五月のゴールデンウィーク、当時まだ在学中のT崎さんは、専攻している民俗学の研究で、友人のNさんと三峯神社を訪れた。彼女はこの頃、秩父の狼信仰の研究に取り憑かれ、ほぼ毎月三峰に通い詰め、神社とその周辺のフィールドワークを行っていたそうである。

大輪の正参道入口から大鳥居を潜り、二時間近い山道を登って、三峯神社の境内に辿り着く。その日は境内と周辺のフィールドワークを行い、興雲閣に宿泊、翌朝は奥宮までの登頂を予定していた。

午前四時に宿坊を出発、奥宮の袂で三峰の朝陽を堪能しようとしていたT崎さんとNさんだったが、初夏の日の出は思っていたよりもずっと早く、奥宮参道二の鳥居に達した辺りで既に夜は明けてしまい、周辺はすっかり明るくなっていた。

彼女とNさんとは苦笑いをしつつ、取り敢えず奥宮を目指そうと言葉を交わしながら、登山道を黙々と登り続けた。

すると。

前方の道に、何か不可解なものが立ちはだかっている。

大型の、四つ足の獣だ。

(しまった、熊か……!)

同行していたNさんも、それに気付いて足を止めた。

早朝は、大型獣である熊や猪の行動時間の範疇に当たる。運が悪いなとT崎さんは思った。こんな狭い登山道で熊などに追い掛けられたら、ひとたまりもない。全速力で走っても、あっという間に追い付かれる。

セオリーに従い、相手がこちらの興味を失うまで、睨み合う覚悟を決めた。

そこで妙な事に気が付いた。

目の前の獣のシルエットは、熊にしてはやけに細い。

そして色は真っ白なのだ。北極ではあるまいし、白い熊など聞いた事も無い。

民俗学の、ある伝承の一句が脳裏を過ぎる。

〈山のヌシと呼ばれる、獣の色は白い〉。

ハッとして、目前の相手を見据える。

美しい流線形。均整の取れた四肢と、侵入者を見据える鋭い視線。

そこに備わる、山の神たるものの威厳。

（あれは……！）

彼女がそこに至った瞬間、白い獣は身を躍らせて、右手の笹薮の中へと跳躍した。

目前の脅威は姿を消したが、二人は暫くその場を動かなかった。

何故なら、あれだけの大きな体躯が跳躍したにも拘わらず、笹薮に飛び込んだ音がまったくしなかったからである。その中を動き回るガサガサという音もしない。

待ち伏せを喰らう可能性があるからだ。

数分、そのまま待ち受けた後、T崎さんとNさんは辺りの様子を窺いながら、獣の居た場所へと辿り着いた。

辺りには何の気配もなく、勿論、あの獣が藪の中に潜んでいる様子もない。

「今の、見たよね？」

「見た」

幻覚ではない。二人揃ってあの〈白い狼〉を目撃したのだ。


不可思議な余韻を心に残しつつも、T崎さんとNさんはそのまま奥宮を目指した。

すると。

〈グルルルルウウウ……〉

すぐ背後で獣の唸る声が聞こえ、T崎さんは慌てて振り向いた。

だが、そこは見通しの良い坂道であり、見渡す視野には何者の姿もない。

その視えないものの唸り声は、三の鳥居の手前辺りに辿り着くまで、断続的に聞こえ続けたそうである。

御仮屋

先にT崎さんが〈白狼〉と遭遇した秩父三峯神社は、かくいうこの私も何度も不思議な経験をしている場所でもある。

そんな私の御眷属様に関する体験談をひとつ、ここで紹介してみようと思う。

数年前の事である。〈黒蟠虫〉のエピソードで登場したN美さんと知り会ったオカルト系SNSのメッセージ機能を通じて、ある年の正月明けに、リンク先のHという男性から、次のようなメッセが届いた。

――こちらのSNSで自分（H）のリンク先の女性が、勤務先で頻繁に霊現象が起こるらしく、そのせいですっかり怯えてしまっている。神社の御守りでも買ってあげようと考えているのだが、最近よくテレビで話題の三峯神社の御守りが、パワーが強いと知り会いから耳にした。籠さんよく三峯に行くみたいなので、同行させて貰えないか――


そんな趣旨の内容であった。

正直、このH氏は熊谷付近に住んでいて、別に自分が同行しなくとも、国道一四〇号をずっと真っ直ぐ車で走れば三峯まで着く気がしたのだが、得てして寺社仏閣にあまり興味の無い方達は、自らは動かないで、誰かの尻馬に乗りたがる傾向がある。

彼の家を経由して三峯まで行くのはやや遠回りになるので、面倒といえば面倒だったが、H氏からは以前に数本の怪談ネタを提供して貰ったという借りがあり、それに、本当に相手の女性の事を真摯に考えてこちらを頼って来たのなら、無碍に断るのも気が引ける。

私はその申し出を承諾した。

当時の三峯への定例参拝月は、五月と十一月であったが、そういう事情なら早めの方がいいでしょうという事で、三月の下旬に私とH氏は、車で秩父へと向かった。

ところがH氏は、山頂にある神社駐車場の案内を見て「ええっ？　ここからまた十五分も歩くの？」と、周囲の方が振り返るような大声を張り上げた。

彼の言葉に私は眉を顰めた。山間の神社なら十五分やそこいら歩かされるどころか、登山道を登らないと辿り着けない場所はざらにある。戸隠神社の奥宮など、参道を四キロも歩かされるのだ。

（そういう事を覚悟で、来た訳じゃないんだ……）

ここで何と無く、Ｈ氏の魂胆が、違う所にあるのでは？　と思えて来た。

その予感はズバリ的中したようで、彼は朱塗りが見事な随神門も、狼の狛犬も、壮麗な社殿にも、それほど興味を持つ素振りを見せない。

取り敢えず二人で拝殿に柏手を打った。

そして、目的の御守りを購入しようと社務所に行くと、何とＨ氏は有名な「気」の御守りをゴソッと十枚ほど掴み上げ、

「これ、お願いします」

私は頭が痛くなった。どうやら初めの読み通り、彼に上手く使われてしまったらしい。

恐らくＨ氏は、現在人気の「三峯の気守り」をＳＮＳのリンク先の女性陣へ、人気取りアイテムとして、バラ撒く魂胆だったのだ。

深く溜息を吐いて、私はこの日の昇殿参拝を取り止めた。

そんな気持ちを露知らずに、Ｈ氏は買い求めた大量の御守りをホクホクと懐に仕舞い込んでいる。

少しだけ書かせて頂くが、私は実話屋なので、基本的に〈実際に起こった出来事〉というものを取り扱っている。従って、寺社仏閣で罰当たりな行いや神仏を小馬鹿にした者が、後々とんでもない目に遭った事例を〈幾つも〉知っている。だから、こういった場所で、それに準じた行為は怖ろしくて出来ない。

また、そういう人物と一緒に行動すると〈被る〉という事も知っている。

だから昇殿を取り止めたのだが、ここは山の神として畏れられる狼たちが神使として君臨している三峯である。女性の注目を浴びる為に神社の名を使おうとする、無頓着なＨ氏が、このままで済むとは思えなくなっていた。

私は〈社《やしろ》〉の機嫌をこれ以上損ねないよう、そこで無難に引き上げる事に決めた。

とはいえ、余りこれ見よがしに引き上げるのも、これまた失礼に当たる。

「Ｈさん、向こうにこの三峯の狼たちをお祀りした〈御仮屋〉という場所があります。そこに御挨拶をしたら引き上げましょう」

H氏はちらりと嫌な顔をした。目的のものは手に入れたし、もうこれ以上歩きたくはなかったのだろう。ベクトルの違う方を迂闊にこういう場所に連れて来るものじゃないなと後悔しながら、私は彼を促して拝殿脇の道から狼を祀る〈御仮屋〉へと向かった。

「それ、遠いんですかぁ？」

〈御仮屋〉は拝殿から未舗装の道を更に五分程歩くのだが、H氏はすっかり飽きてしまった様子だ。困ったなあと思いつつ、私はすぐ先の石段を指差した。

「ここを登り切ったとこですよ」

かなりの肥満体であるH氏は、急な石段の上の社殿を見て、またうんざりした顔をしてみせた。色んな意味でまずかったなと思いつつ、ここまで来てしまったものは仕方が無い。

私はH氏を促しながら、御仮屋へと繋がる石段を登り始めた。

ちょうど、真ん中まで登った辺りである。

遠くの山合いから、ゴロゴロゴロゴロ……と、雷鳴のようなものが鳴り響いた。

（雷……？　いや、山鳴り……？）

H氏もそれに気が付いた。二人して足を停め振り返る。

さっきまで居た、御仮屋の登り口辺りに、異様な気配が満ちた。

刹那。

私とH氏の間を、轟音と共に、猛烈な〈視えない塊〉が走り抜けた。

まるでジェット機が、全速で通り抜けたかのような。

巻き起こしたその風圧で、石段から振り落とされるかと思った程である。

突然の出来事に私は竦んでしまい、H氏は階段の手摺りに掴まって、腰を抜かした。

「い、今の何です？　こんな事、よくあるんですか！」

真っ青になって、H氏は問い掛けた。

「いや……」

ああ、やっちゃったな、と私は頭を抱えた。

と、同時にこんな事も考えていた。

(あれが御眷属様か……)

そう、石段の真ん中を通った〈もの〉は、姿こそ視えなかったが、確かに質量を感じた。

あれはただの風ではない。その様子は、傍らのH氏の反応を見ても判る。

「俺、何かしちゃいましたかね？　ここに嫌われましたかね？」

うろたえて自分でそう切り出したところから、やはり心当たりがあったのだろう。

「取り敢えず、上まで行きましょうか」

もうそこから、何も起こる事は無く、私達二人は御仮屋と呼ばれる狼の拝殿に賽銭を入れ、柏手を打った。

H氏の態度は、先程とは打って変わって、随分と神妙になっている。

しかし、時すでに遅しの感があった。

(彼は、もうここには来れないかもな……)

三峯には、この社独特の『御眷属拝借』というものがある。

これは三峯に居る狼＝御眷属様を神社からお借り受けして、番犬代わりに家に祀り、守護を求める制度の事を指すものである。

そして、私の家には、その三峯からお借り受けした〈狼札〉が祀られている。

先の〈視えないもの〉が私とH氏の間を裂くように通り抜けたのは『もう連れて来るな』という意志表示に取れたからだ。

一般的に誤解があるようなのだが、実は狼という生き物はとても家庭的で、一夫一婦制を厳密に貫き、浮気などはせず、選んだ伴侶を死ぬまで愛す。子育ても夫婦で協力して行うし、もし片一方の伴侶が先に死んだら、その後は再婚する事をせず、生涯を独身で通す。そういう存在であるからこそ、御仮屋のすぐ近くには〈縁結びの木〉なるものがある。これは狼という生き物の習性にならって〈生涯を添い遂げてくれる伴侶に巡り逢える〉という意味合いが含まれる。

私が先に〈やっちゃったな〉と思ったのは、H氏が、こうした神社の性格を知らずに、三峯の御守りを〈女性の気を引く手段〉として利用したからだ。

狼は、浮気が嫌いなのである。

実際のところ、H氏はこの参拝が終わった後、原因不明の発熱で数日寝込んだ。

そしてこの後、先の女性とは違う、京都出身の別の女性といい仲になり、その彼女が「一緒に三峯に行きたい」とせがむので、また同行してくれないかと連絡を寄こしたが、何故か計画を組む都度H氏は体調を崩し、とうとうそれは実現せぬまま、私と彼は次第に疎遠になった。

余談ではあるが、このH氏の彼女も、先のオカルト系SNSの登録者であったので、私とリンクを結んでいたのだが、彼女曰く、H氏にせがんで数度連れて行って貰ったものの、彼は三峯に出向くと必ず体調を崩すので、とうとう行くのを嫌がるようになったという事である。

この京都の女性が、やはりH氏から御守りを貰っていたのは、言うまでもない。

御眷属拝借

『約束』のパートでも少々触れたのだが、実話怪談は数をこなしていれば、絶対に一つや二つは不可思議な現実や事実、或いは出来事にぶち当たると私は考えている。

これに遭遇しないとすれば、それは単に取材範囲が狭い方か、或いは〈相当護りの固い方〉かのどちらかではないかと思う。

〈護りの固い方〉の話は別の機会に譲るとして、ここまで紹介してきた逸話や、筆者が出遭ってきた不思議な能力を持つ人物等、読者の方達に、少しは伝わったと考えるのだが、ここでまた一つ、筆者が取材中に遭遇した、不思議な実話を紹介してみたいと思う。

前章『御仮屋』で登場した秩父三峯神社には、先に紹介した通り、お社に住まう神使＝狼を貸し出す〈御眷属拝借〉というものがある。

三峯の神使である〈狼〉を借り受けて自宅に祀り、その荒ぶる神威にて魔物・窃盗・火災・疫病からの難を退けるのだが、ここで借り受ける〈狼〉こと〈狼札〉は、こと取扱いに気を付けなければいけないとも言われている。

何しろあの獰猛な〈狼〉を祀るのだから、生半可な気持ちで扱えば泥棒や災厄よりも、手痛く自身に跳ね返って来ると言われている。先のH氏のエピソードもそうなのだが、この〈狼札〉を誤って踏み付けてしまった老婆が亡くなってしまったという事例が、まことしやかに語り継がれている位なのだ。

私が神奈川県に住むS村さんと知己を得たのも、先の『御仮屋』等に登場する某出版社のオカルト系SNSであった。当時の私のプロフィールには〈怖い話募集中！〉の一文が載っていたので、サイトのメッセージ機能を介してメッセを送って来てくれたのだった。

本文には、現在彼女の家に起きているという〈異変〉が切実に綴られていた。S村さんは父親を早くに亡くして、現在母親と二人暮らしなのだが、いつの頃からか、屋内の誰も居ない部屋の中で、バタバタと誰かが歩き回る足音がし始めたのだという。

彼女と母親が一階の居間で一緒に居ると、誰も居ない筈の二階から。

二人で二階にいる時は階下から。

泥棒かと思って恐る恐る見に行くと、誰も居ない。玄関もきちんと施錠されている。

二人してその現象に遭っているので、気のせいではない。そして互いに何かが起きているのは承知しているのだが、怖くて口に出せない。既に三か月以上、その異変が続いているのだが、女性二人住まいなので、心細くて仕方が無い、相談に乗って貰えないかというような内容であった。

現在進行形の怪異。なかなかそそる内容である。

私は彼女のメッセージに返信を送り、S村さんからお話を聞く段取りを取った。

取材場所は彼女の家の近くにある某ファミレス。

取材ノートを広げて、事の経緯を詳しく述べて貰う事にする。

——いつ頃から、その異変に気が付きましたか？

——正確には判りませんが、三、四か月前から。

——どのような頻度で起こるのですか？

——ほぼ、毎日です。

——お住まいは自宅ですよね？　以前にそんな事が起きた事は？

——ありません。

——S村さんだけでなく、お母様も御一緒に異変を？

——はい、二人で一緒に居る時も起きますので……。


お決まりの質問を、幾つか投げ掛ける。

怪異の本質が家系的なものなのか、後発的なものなのか、それが本当に起きている第三者的な証言があるか、ただの思い込みでないのかを確認するのは大事な作業だ。迂闊に藪に踏み込んで蛇に足を噛まれても、それはあくまで自分持ちとなる訳で、根の深い因縁祟りには深入りしないようにしないと、原稿を仕上げる前にこちらがオダブツとなってしまうからでもある。

取材に際して、現在進行形のものに、ここまで慎重になる理由には、過去に単なる幽霊や生霊の類を越えた〈人外の化け物〉に関する話が幾つかあったからである。先に記した〈黒蟠虫〉のようなケースであったら、素人に毛が生えた程度の怪談屋に手に負える案件ではないからだ。

実際、真昼のファミレスで取材中、とんでもない事が起きた事例もある。

――怪異に関して、原因になりそうなものの心当たりはありますか？

私の質問に彼女は「はい」と頷いた。

差し支えが無ければ、それを聞かせて欲しいと私は乞うた。


S村さんはぽつりぽつりと、怪異の裏事情を語り始めた。

それは彼女の家の隣に住む、老婆に関する事である。隣家の主の母親だという事で、どこかの新興宗教の熱心な信者だったらしく、丁度彼女の部屋のある二階から、敷地境界であるブロック塀越しの斜め下に、この老婆の部屋が見えたそうである。

夜になると窓には灯りが点り、一心に念仏を唱えるその老婆の声が毎晩聞こえて来ていたという。だが、この老婆がいつの頃からか認知症を患ったらしく、S村さんの自宅の玄関や境界のブロック塀越しに「この泥棒が、ここはうちの地所だぞ！」などの暴言を投げ掛けるようになった。

彼女と母親は老婆の行為に随分悩まされたが、ある日、隣家の息子がS村さん宅を訪れて来て「今までご迷惑を掛けました。母は施設に移りましたので、どうかご安心を……」と菓子折り片手に頭を下げた。

彼女と母親はホッと胸を撫で下ろしたが、S村さんは、それから時折、奇妙な事に気が付くようになった。

仕事が早く終わり、自室で本などを読んでいて、ふと窓の外を見ると、隣家のあの老婆の部屋に灯りが点り、微かに念仏の声が聞こえて来る。

「ショートステイか何かで帰って来たのかな？　また怒鳴り込まれたら嫌だな」などと思ったりもしたのだが、翌朝出勤時等に様子を窺うと、そのような気配がまったくない。

初めは気のせいかと思っていたが、そんな事が何度もあった。

きっと彼の宗教の熱心な信者であったあの老婆が、生霊となって施設を抜け出し、自宅の仏壇の前で、夜の読経に勤めているかも知れないと考えたそうである。

例の現象が始まったのは、それから間もなくの事だった。

「私の勝手な考えなんですが、あのお婆さん、認知症が進んじゃって、うちを自分の家と勘違いして戻って来るようになったんじゃないかって……」

彼女の話の要点をメモしながら、私は頷いた。

S村さんの推測は充分理に適っている。これまで蒐集した体験談の顛末などからも、それは充分考えられる事だ。

生霊が、無人である筈の自室に舞い戻って、真夜中に鬼気迫る形相で読経を唱えている図は、想像するだけで怖ろしいものがある。

なかなか〈よい話〉を頂けたなとホクホクしていると。

「これ、どうにかして貰う事は出来ないのでしょうか……？」

私は怪談異談を蒐集する〈怪談屋〉であって、本書に登場するTさんやN美さんのような〈本職〉では無い。彼等と交流する事に依って、自身を護る基本的な知識こそ得てはいるが、お祓いや除霊が出来る訳ではないのである。

だが、現場ではしばしば〈怪談屋〉はその道のプロとして〈霊能者〉と勘違いされるフシがある。私はその旨をS村さんに告げた。

すると、彼女は沈痛な面持ちで、この件ですっかり母親が神経をすり減らし、弱ってしまった事、自身が生まれつきの心臓疾患を持っている事、何とかしたくても頼る宛がなくて、藁をも縋る気持ちで私に相談を持ち掛けたという事情を切実に打ち明けた。

「もしも、母に何かあったら、私はどうしたら……」

打ち明けられた私の方も、腕を組んで考え込んでしまった。

これは実話を追い掛けていると実に難しい部分で、一般にマニア向けする〈凄い話〉というものは、その陰に〈現象〉に悩まされる体験者の苦悩が存在している。その為に知っていても文章化出来ない話も沢山ある。彼等の苦悩や哀しみを無視して「大ネタゲット！」と喜んでいるのなら、N美さんが指摘するような〈真っ黒なオーラ〉が全身から出始めているのかも知れない。

そうなったらもう、怪談屋としては末期を迎えていると私は考えている。

しかし、マニュアル的な知識はあっても、実践者でない以上、素人が迂闊な真似をすれば、余計に事をややこしくする可能性が大きい。それが自身の問題ならまだいいのだが、他家の出来事であれば尚更である。

かといって、お話を預けて貰った以上、少しは何かの足しになる事もして差し上げたい。

板挟みになっていた時に、ふと脳裏に閃くものがあった。

この取材の時期は、ちょうど四月だったのである。

「もしも良かったらなんですが、埼玉県の秩父に狼を祀る『三峯神社』というところがあります。こちらで発行されている〈狼の護符〉が、魔物退治等に非常に験力があると言われています。そちらを頼られてみては」

自身が手を出すのではなく、神社へと場繋ぎをする手助けなら、何の問題も無い。

そして社に手に負えない問題であれば、私などに手に負える事案でもない。それはS村さんも納得してくれるだろう。そもそも神社とは、こういう時の為にあるものだと私は考えている。だが、東京から車で約三時間掛かる三峯神社は余りにも遠く、疾患を抱えた彼女は一人で行ける自信がないと顔を曇らせた。

仕方が無い。もうここまで来たら乗り掛かった船だ。

来月まで待って貰えれば、五月の定例参拝月になるから、お話を戴けた御礼に、三峯へお連れしましょうと私は提案した。

S村さんは顔を明るく輝かせて、早急に予定を調整すると頷いてくれた。

三峯への参拝は、ゴールデンウィークの混雑を避けた、五月の第三週を予定した。

ちょうどその頃、様々な調整をしている最中に、S村さんから画像付きのメールが送信されて来た。

——こんにちは。

先日はどうも有難うござぃました。今朝方気が付いたそうなのですが、目を覚ますと、母の掌に画像のような内出血が出来ていました。まるで何かに踏み付けられたみたいな感じで、見た瞬間にゾッとしてしまいました。足音の様子もどんどん酷くなって、母には言い出せませんが、とても怖いです。三峯参拝の件、何卒宜しくお願いします……。

添付された画像を開いた私はゾっとした。

どす黒い内出血を伴った、彼女の母親の掌が痛々しく映っている。

とんでもない事になった。とうとう実害が出始めてしまったのだ。

こんな事をしでかす輩に対して、単なる神社参拝だけで事が足りるのだろうかと、少々心もとなく感じたのも確かである。

ドキュメンタリー映画にもなっている〈狼の護符〉。

それが持つと言われる神威と効力に、私も全てを託したくなるような気分になった。

いよいよ参拝の当日となった。

S村さんの自宅は相模原方面に当たる。いつもの参拝よりずっと遠回りになるのだが仕方なく、私は早朝五時に家を出て、午前八時に車で彼女の家の玄関先に辿り着いた。

「宜しくお願いします」

S村さんを助手席に乗せると、彼女の母親が玄関先から恭しく頭を下げる。

「あれからどんな様子ですか？」

車を発進させた私は、S村さんに問い掛けた。

「取り敢えず実害はあれきりです。ただ、足音の方はどんどん酷くなって、母の方が随分滅入ってしまって……」

先程の玄関先での光景が脳裏を過る。

この当時、圏央道は、まだ東名や中央と繋がっていなかった。従って三峯へのメジャーなルートである関越道花園インター経由の行程は遠回りになる。私は国道十六号を北上し、中央道相模湖インターから勝沼経由で国道百四十号で雁坂トンネルを抜けて三峯へと向かうルートを選択した。

途中、疾患を持つS村さんを気遣ってこまめな休憩を数回取ったのだが、三度目の休憩に当たる〈道の駅みとみ〉まで辿り着いた時、

「籠さん、朝早かったから朝食まだですよね？　母からこれ持たされたので、良かったら食べませんか？」

彼女がバッグから取り出したのは、袋に入った、幾つかの不揃いなおにぎりである。

問題はそれが〈赤飯〉だった事だ。

「これ、今どきお赤飯のおにぎりなんて珍しいよね？　何でお赤飯なの？」

さりげなく私は質問した。

「さあ？　何か朝になったら急に〈お赤飯が要る、お赤飯が要るのよ！〉とか言って作り始めたんですよ。慌てて作ったので、こんな不揃いになっちゃいまして……」

彼女の笑顔を余所に、顔が引き攣るのを感じた。実は三峯神社では「お炊き上げ」と称し、毎月十日夕刻に神社の神域の御眷属様を祀る「近宮」で、十九日夕刻に諸国に貸し出されている御眷属様を祀る「御仮屋＝遠宮」で、小豆飯を炊いて供える神事がある。

「お母様、ひょっとして御眷属信仰の事を御存じ？」

「いえ？　母も私も、名前だけは知ってましたけど、今回が初めてですが……」

私は腕を組んで考え込んでしまった。

この件、どうやら、そこまでのものなのかも知れないと。

「実はですね、三峯にはお社に居る〈狼〉を貸し出してくれる〈御眷属拝借〉という制度があります。拝殿に上がって祈祷を受け、山神の神使である狼を借り受け、災難を退けるというものなのですが、実はお赤飯というものは、この〈御眷属様〉に供えるのが三峯の習わしなんです。何と無くこの件、流れからして単に護符を戴いてくるだけではなく、この〈御眷属様〉を迎え入れろと取れなくもないんですよね……」

突然の申し出に、S村さんは押し黙ってしまった。

「ただ、〈これ〉は仮り初めにも神社から神様をお借り受けするものです。一過性の軽い考えで引き受けて、その後疎かにするような事があれば、今度は〈そちら〉が災いへと転じます。もしも面倒を見切れなくなったとしても、私はその後の責任を持てません。突然の思い付きですし、これはお母様ともよくご相談なされてお決めになられた方が……」

彼女はバッグから携帯電話を取り出すと、その場で自宅の母親に連絡を取った。

「……いま連絡しましたら、母もそうして戴いて欲しいと申しています。神様はきちんと面倒を見て差し上げれば、うちを護ってくれるんですよね。私は、あのお婆さんが怖いですが、神様は怖くありません。籠さんがその方がいいと思うのなら、私もそうしたいと思います。宜しくお願い致します」

突然のこの思い付きのような流れに頼っていいのだろうかという、一抹の不安を抱えながら、私とS村さんはカーブの多い急勾配の道を走り抜けて、三峯神社に到着した。

拝殿に挨拶をした後、社務所に立ち寄り〈御眷属拝借〉の手続きを取る。

宿坊である興雲閣のロビーで昇殿の順番を待ち、何気ない世間話を彼女と交わしながらも、心の中には緊張感が過る。

案内アナウンスが鳴り響き、私とS村さんは阿吽の〈白狼〉が鎮座している三峯の拝殿で、〈御眷属様〉を借り受ける祈祷参拝を無事に終了した。

祈祷を終えた〈狼札〉を社務所の神職の勧めに従って、木製の小箱の中に納めて貰う。

「何か、子犬をお預かりした気分です」

〈狼札〉を両手で大事そうに抱えながらS村さんは呟いた。

「じゃあ結びに、先程の〈赤飯〉をお供えに、〈御仮屋〉様へ御挨拶に行きましょう」

私は彼女の先導を務めながら、再び拝殿脇の道を通って、あの狼を祀る〈御仮屋〉へと向かった。

そして、あの急勾配の石段を、やはり半分程登った時。

後方で、ゴロゴロゴロゴロゴロゴロ……、と再び〈山が鳴った〉のである。


この時の私の心の動揺ときたら、どう表現すればよいのだろうか。

心霊系のネタで何かに触れた時の〈恐怖〉とは違った〈畏怖〉と呼ぶべきなのだろうか。

一年前に、H氏とここに来た時にも〈山鳴り〉がして、あの〈大きな何か〉が、この石段を走り抜けたのだ。

今回は、風は現れなかった。

何故なら恐らくそれは、S村さんの抱える〈箱〉の中に居るのだから。


「あれ、雷ですかね？　晴れているのに。よくこんな事があるんですか？」

振り返った彼女も不思議そうに呟く。足を止めた私は、S村さんにこう言った。

「ここで、もう一度念押しをしておきます。祀り切れないと思ったら、いつでも声を掛けて下さい。御眷属様をお戻しする手伝いに来ます。その〈箱〉の中にいらっしゃるのは、何かとんでもない〈もの〉のような気がしますので……」

本書でこの項の前に〈御仮屋〉のエピソードを入れた理由を、賢明な読者諸氏は、もう既にお判り戴けたかと思っている。〈御眷属拝借〉とは、大人二人を風圧で吹き飛ばすような〈あれ〉を借り受けるという事なのだ。途中で投げ出す事などあったりしたら、それこそ大変な事になってしまう、と。

「判りました……」

〈狼札〉を入れた箱を抱えるS村さんは、緊張の面持ちで頷いた。

それから私とS村さんは、彼女の母が作った〈赤飯〉を〈御仮屋〉に供え柏手を打ち、眷属様借受けの挨拶を終えて、三峯を後にした。

〈御仮屋〉に供えた赤飯は〈御下がり〉として、神社の駐車場で彼女と二人で頂いた。

その後は特に何も起こる事はなく、帰り道は関越ルートを選択したが、東松山周辺の道路渋滞に嵌まり、S村さんを自宅に送り届けた頃、時刻は午後八時を回っていた。

挨拶もそこそこに別れを告げる。

暗い夜道の中で、彼女は何度も頭を下げていた。

翌日は月曜日なので、私は普通に職場に出社して業務に勤しんだが、昨日の一件はどうにも脳裏に引っ掛かる。昼休みにS村さんにメールを送ると、こんな内容の返信が届いた。

――昨日は夜遅くまで、ありがとうございました。

あれから母とすぐに、御眷属様の御札を納めた箱を、神棚を祀る位置に安置して、お米と水を差し上げました。すると、昨晩はあの足音が起こらず、母も私も久しぶりにぐっすりと眠る事が出来ました。籠さんの仰った通り、効果てきめんでした。

母からもよくお礼を申しておいてくれと言いつかっております。

本当に、ありがとうございました――

ホッと胸を撫で下ろしたのは確かである。

あの足音がしなくなったのなら、取り敢えず言うことはない。神様の御面倒を提案した挙句、怪現象が治まる気配を見せなかったら、それこそS村さん宅に更なる手間を押し付けただけという事にもなる。

ただこれは昨晩一回きりの偶然と言う事も充分にあり得る。私は心の中で三峯の社に手を合わせつつも、まだまだ油断出来ないとも考えていた。

また何か起きてしまったら、すぐ連絡を下さいと返信して、それから二日間は何もなく、これは今回の事案は大団円を迎える事になるかと思いきや、週半ばの木曜日に、再びS村さんからメール着信があった。

すわ、怪現象再発か……？　と恐る恐るボックスを開いてみる。

――籠さん、こんにちは。

昨日仕事を終えて自宅に戻りましたら、隣家が何やら賑やかな様子で大勢の人が出入りをしていました。何かと思って玄関先を覗き込んだら〈お葬式〉だったのです。母に尋ねたら、亡くなったのは、あの例のお婆さんらしく、施設《あちら》でお亡くなりになったので、自宅に遺体をお戻ししてからの〈葬儀〉となったという事でした。

詳しい事は判りませんが、昨日がお葬式だったという事は、お婆さんが亡くなったのは〈月曜日〉か〈火曜日〉という事になりますよね？

お招きしました〈御眷属様〉は、母と二人で大事に面倒を看て参ります。
本当に色々とありがとうございました――

私は暫くの間、彼女から送られて来たメール文面を、穴が開く勢いで見詰めていた。
脳裏には、こんな光景が再生される。

――その晩も、老婆の生霊は夜の勤行にと、施設を抜けてこちらへ戻って来た。
あの見知らぬ母娘は今日も家に居座って眠っている。まったく忌々しい。
見れば、その傍らに大きな犬がいる。
ふん、番犬のつもりで犬を飼ったのか。こいつら本当に何様のつもりだ？
生霊の老婆はS村さんの母にしたように、犬を足蹴にした。
ところはそれは犬ではなく、三峯の社から勧請された――。

パワースポット、スピリチュアル、御朱印などの神社ブームに左右される事無く、どうやら御眷属信仰の〈霊威〉は、今もって健在の様子である。

捻じ伏せる

神獣画家のT川さんとは、先のT崎さんを介して知り合う機会を得た。

美術専門誌に〈絵と喰らい合う、巫女の魂を持つ画家〉として紹介されるような、繊細且つ鮮明な描写《タッチ》を売りにしている方である。

そして、そのペン先から生み出される龍や虎、狼などの神獣や濡れ女等の妖怪画は、凄まじい迫力と存在感に満ちている。そんなT川さんとの知己を得る事になったこのエピソードも、まったくもって不可解なもので、本書に冠している〈異談〉と呼ぶには相応しく思えるので、この機会に紹介しておこうと思った次第である。

その日、私とT崎さんは、山梨県屈指の霊山である「金峰山《きんぷさん》」のフィールドワークに出向いていた。お目当ては同県・昇仙峡金櫻《かなざくら》神社の御神体である巨大な磐座《いわくら》・五丈岩のお膝元で山岳修験の足跡を辿る事であった。

ちなみにこの金櫻神社は、現在狛狼こそないのだが、秩父の三峯、奥多摩の武蔵御嶽《むさしみたけ》神社と並び、山梨県を代表する〈狼神社〉であり、〈狼の護符〉自体は現在でも社務所で発行されている。この金櫻神社のある辺りは、古くから甲州御岳山といわれ、修験道の開祖、役小角《えんのおづぬ》によって奈良県吉野の金峰山から蔵王権現《ざおうごんげん》を勧請したことに始まり、山頂に聳えるこの五丈岩（高さ約十五メートル）を本宮としている。

二千メートル越えの山など、私などの腕前では登頂不可能と勝手に思い込んでいたのだが、T崎さん曰く、登山口である大弛峠《おおだるみとうげ》の駐車場まで辿り着けば、標高差は六百メートル程しかなく、道具なしの装備で約二時間半あれば到達出来るという。これは滅多にない機会と考え、彼女と予定を調整し、狼信仰と山岳信仰の調査を兼ねたフィールドワークに出掛けたという経緯がある。

さて、山登りに長けたT崎さんと違い、金峰山山頂に辿り着いた私は息も絶え絶えであったものの、ひと休みすると、初めて目にする標高二千メートル以上の世界というものに、かなり興奮してしまった。

視点・視野というものがこれまでとまったく違っている。

これが神々の視点とでもいうべきなのだろうか。この原風景と広い大空を眺めながら、古の修験者達は何を思い、何を祈ったのだろうかと想いを馳せた。

その日、山頂の五丈岩周辺には、大勢の登山者が詰め掛けていた。何事かと思いきや、成り行きで決めたような日程であったのに、丁度金峰山の山開きの日であった。

標高二千メートルの山頂に立つ巨大な磐座の鳥居前で、神職が恭しく祝詞を読み上げる。絵に描いたような、荘厳な光景だ。

神事が済んだ後、私は夢中になって周辺の風景を撮影し続け、そのせいで携帯のバッテリーがいち早く切れてしまった。だがふと空を見上げると、そこにはS字状の雲が掛かっている。何故かそれが気になって仕方が無いので、私はT崎さんに「あそこを撮影して貰えないか」と頼んでみた。


金峰山から下山したその夜、私のパソコンに、彼女から五丈岩で撮影した画像が送信されて来た。「見事に映ってますねぇ」の短い文を横目にしながらファイルを開く。

そこには目論み通りの、龍神を思わせる姿がモニターに映し出された。神事の日であったから、何かが映る予感がしたのである。だが問題はそこではなかった。

大空を舞う龍神の左肩口に、ぼんやりと女性らしき顔が浮き出しているのである。

「ねぇT崎さん、この画像の左上に映っているのは〈T川さん〉じゃない？」

私はパソコンから、T崎さんに向かってそう返信を打った。

ちょうどこの頃、T崎さんは村興しのランドマークアイテムとして、丹波山村に伝わる狼信仰に目を付け、その世界観を描ける画家さんを探していた。そしてこの五丈岩の探索の前のフィールドワークの時に、T川さんの描く狼の絵がとても魅力的だったので、彼女にコンタクトを取るという会話が出ていたのである。

ところがその頃の私は、異談蒐集に対して絵画が役に立つとは思えなく、ネットでさらりと確認しただけで、それ以上の興味を払っていなかった。ところが今、目の前にある不可思議な画像には、そのT川さんに輪郭の似た顔が映っている。

「本当ですね。手前の龍に気を取られて、全然気が付きませんでした」

既に彼女と面識を得ているT崎さんにもそう見える。

これは一体どういう事なのか。

そもそもT川さんとは、どんな人物なのだろうか。

これは、御本人に直接お会いして、その空気と雰囲気を探るのが一番である。

手元に集まった資料や異談報告例に目を通しつつ、私はネットに貼り付いてT川さんにお会い出来る機会を狙った。すると九月に世田谷で開催される某グループ展にて在廊される日が公示されていたので、ここを逃してなるものかと日程を調整して、個展会場へと駆け付けた。

そこに展示されていたT川さんの絵は、背筋が寒くなる程の迫力があった。

中でも、雷雲の中で竜虎が相打つ姿をモチーフにした巨大な作品は、今でも忘れる事が出来ない。こんな作品を描く人物とは、一体どんな方なのだろう。下手な心霊スポットへ調査に向かう時よりも緊張した事を、ここに付け加えて置く。

やがて会場に現れたT川さんの顔を見て、私は驚愕を隠せなかった。

御本人は、ネットの画像よりも更に、空に映った顔に似ていたからである。

動揺を隠しながら、私はT崎さんの名前を出して自己紹介を行い、暫くT川さんと世間

話に興じた。やがて頃合いを見計らった辺りで、

「実は、視て貰いたいものがあるのですが……」と本題を切り出した。

画像を確認したT川さんも「確かに私に似ていますね」と驚きながら、心当たりがひとつあると、こんな話をしてくれた。


T川さんは神獣や妖怪を描こうとするとき、先ず、それらの姿を強くイメージして眠りに入る。そして、夢の中に現れ出たそれらと格闘をして、力尽くで〈捻じ伏せた〉部分だけを絵に描かせて貰えるというのだ。私は背後に見える〈龍虎図〉を目にしながら、あの作品群の迫力の原点は、そこにあるのかと腑に落ちた。

「するとこの画像は、T川さんが龍神を〈捻じ伏せて〉いる場面なのかも知れませんね」


そんな事が切っ掛けとなり、現在T川さんとは懇意な間柄になってはいるのだが、何故当時まだ面識もなかったT川さんの顔が、あの金峰山の山開きの空に映ったのかは、未だに謎のままなのである。

かまいたち

数年前に、先のT川さんから伺ったお話である。

その年末の土曜日は、ちょうど彼女の個展が開催されている時節であった。

招待状を携えて会場に足を運ぶと、精緻なタッチで描かれた大きな神獣画が、スポンサーから贈られた大きな花束と共に出迎えるかの如く掲げられ、既に数人の来場者が作品を食い入るように眺めている。

そんな中で、T川さんはにっこり微笑みながら挨拶をしてくれた。

今回の展示作品のモチーフなどについて話していると、後から数人の常連さんらしい方が見えて、会場隅のテーブル席で一緒に盛り上がっていると、あっという間に閉場時間となってしまった。

会場を出て彼らと別れ帰途に就く途中「籠さん、ちょっとお時間あります？」とT川さんの方から声を掛けられ、途中の居酒屋に立ち寄る事となった。

座席に案内され、お酒を酌み交わしながら今回の個展の感想などを暫く交わした後、表情を硬くした彼女の方から「実は、お話したい事がありまして」と切り出された。

「籠さん、〈かまいたち〉って、信じますか？」


遡る事、数年前。

T川さんはその時期、ちょっとしたスランプに陥っていた。

思った通りの絵が描けない。イメージが湧かない、掴めない。

その晩も行きつけのバーで、酒を呷りながら自己嫌悪に陥っていた時だった。

「ヘイ、どうしたの綺麗な彼女？　ちょっと元気ないんじゃない？」

近くのカウンターで酒を呑んでいた女性が、そんな様子のT川さんを見て、気さくに声を掛けて来たのである。

それがLさんだった。

酔いに任せて彼女が問題を正直に打ち明けると、Lさんはそれをしっかり聞き届けてから、肩を叩いて頷いた。

「そっかあ。じゃあ、週末にライヴやってるから来なよ。パワー分けてあげるからさ」

彼女は世田谷にあるライブハウスを拠点にして、音楽活動を行っているという。


ダメもとのつもりで、恐る恐る足を運んだ、Lさんの出演するライヴ。

空気を震わせる、リードとベースギターの旋律。

生命の息吹を象徴するような、ドラムの鼓動。

そして、ヴォーカルのLさんの喉から繰り出されるパフフルなハスキーボイスとその世界観に、T川さんは圧倒された。

細胞内に溜まった泥のようなものが剥がれ落ち、新しいものに入れ替わって行く感覚。

イメージが湧きあがる。描ける。そして描きたいという衝動が蘇る。

「ヘイ、来てくれたんだね彼女、ありがとう！」

ステージが終了すると、Lさんは彼女の元へとやって来て、ぽんと肩を叩いた。

「ライヴどうだった？　バワー貰えたかな？」

「うん、しっかり貰えた。有り難う」

もともとLさんはインディーズバンドのヴォーカルとして地元では有名な存在であり、ラジオのパーソナリティーや歌詞を世界観にしたアートなども手掛けていて、実力は折り紙付き。彼女自身も地元の有名人では飽き足らず、中央進出を目指して、活動拠点を郷里から東京にある現在のライブハウスに移して、メジャーデビューを狙っていた。

音楽と同時にアートも手掛けるLさんとT川さんが意気投合するのは当然の結末であり、そこから彼女は、Lさんのライヴがあるごとに、世田谷へと足しげく通うようになった。

Lさんも T川さんの事を大変に気に入った様子で、二人の間柄は、主催者とファンから、近しい友人の間柄へと変化していた。

そんなある時。

ステージ直前のLさんの楽屋に遊びに来ていたT川さんは、着替えをしている彼女の背中を見て呆然となった。

無数の切り傷が刻まれている。一瞬、DVか何かの被害者なのかと思った。

「何それ、どうしたの?」

既に慣れっこになっているのか、Lさんは平然とした様子で返事をした。

「ああこれ？　何か自然に出来ちゃうんだよね。東京《こっち》に来てからしょっちゅう」

そう言いながら、Lさんは肘や二の腕、腿や向こう脛に出来た無数の傷跡を見せた。

何でも、自分でも知らない間に、刃物で切り付けたような傷が出来て、鮮血が滴っているという事が良くあるのだという。


Lさんは T川さんを交えた打ち上げの席などで、バンドのメンバーに、その〈自然に生じる傷〉を見せた事もある。だが、彼らは一笑に付して「新手のパフォーマンス？」「SM趣味あったんだ」と、まったく取り合おうとしなかった。

ところが後日、ライヴハウスでの音合わせリハの時、ステージに上がって熱唱していたLさんが、突然唄うのを止めて「あっ、来た……！」と左手を振って呟いた。

マイクを置いて袖口を捲ると、そこにはパックリと割れた傷が生じ、鮮血が浮いている。

衣服には裂け目など、まったく生じていない。演奏中の出来事でもあり、彼女自身が仕組んだパフォーマンスでない事も一目瞭然だった。目撃したバンドメンバーらもさすがに沈黙し、その不可解な現象を信じるようになった。この時、Lさんの熱烈なファンでもあったT川さんも早くからライヴ会場に詰めていて、場の〈不穏な気配〉を感じ取っていた。

そして、その〈不穏〉の正体は、程無く判明した。

その晩の打ち上げは、同日にステージで演奏を行った、同じライヴハウスを拠点とする古参のバンドグループなども入り混じって盛大に行われたのだが、彼らが挙《こぞ》ってLさんの賛辞を口にする都度、魔窟を思わす居酒屋の空気が〈歪む〉のを感じたのである。

T川さんは、Lさんを褒めちぎる古参バンドのメンバーの目が、まったく笑っていない事に気が付いていた。彼らの唇が彼女の実力や歌唱力の凄さを紡ぐ度に、嫌悪や嫉妬の感情が強くなり、場の空気がどんどん変貌して行く。

この空気は、音合わせのステージの時にも感じたものだ。

彼等の周りから立ち上る黒い瘴気のようなもので、店全体に〈澱み〉が生じていた。

T川さんは本能的に気が付いた。

Lさんに傷を生じさせているあの〈かまいたち〉の正体は、これら古参のバンドメンバーが発している、妬みや嫉妬が凝り固まったものなのだと。

音楽で飯を食いたいと願っている者は、誰もがメジャーへの進出を目指している。それはこの業界に限らず、恐らくどこでも同じなのであろう。

だが、何年活動を続けても芽が出ない、デビューの道筋が見えて来ない彼らにとって、インディーズバンドとは言え、既にファンからの支持と知名度を持っているLさんは、羨望と嫉妬の対象として違いなかった。

しかも、その歌唱力は本物で、どこかのレコード会社のエージェントが目を付けたらCDデビューも間違いなしと来れば、既にこのライヴハウスを古巣として活動を続けていた古参バンドのメンバー達は、それを快く思わないのだろう。後から来た地方出身の人間にホイホイ追い越されてしまっては、ライヴハウスの先駆者としてのメンツが立たない。

〈上手く行かなければいいのに〉

〈病気か怪我でもしちゃえばいいのに〉

〈潰れちゃえばいいのに〉

表面では賞賛の言葉を述べながら、心の中でLさんの失敗や不幸を望んでいる他のバンドメンバーから放たれた〈殺気〉は、見えない刃と化して、彼女に傷を負わせているという事を、T川さんはアーティスト独特の直感から感じ取った。

実際、その後Lさんは、ライヴ会場に足を運んでいたエージェントに声を掛けられ、二度ほどCDデビューの話が出たのだが、その都度怪我や原因不明の体調不良を起こしてチャンスをフイにしてしまっていた。

傷心の彼女はライヴハウスで一緒に活動する他のバンド仲間達との打ち上げと、彼らのうわべの慰めに癒しを求めたが、既にそこはT川さんの目に「お前一人にいい目は見させない」という悪意に満ちた者達の溜まり場としか思えなくなっていた。

知り合った頃にはパワーとエネルギーに溢れ、眩い存在であった筈のLさんだが、魔物に取り込まれるかのように、次第に生活にも乱れが生じ、酒の量も増えて来た。

原因は判っている。あの魔窟のような場所（ライヴハウス）の影響だ。

しかしそれを伝えたところで、誰が信じるというのか。

（……でも、あの場所に居たら、彼女もダメになってしまう。あそこに居る連中に潰されてしまって、折角の才能が枯渇してしまう……）

決心したT川さんは、ある時、喧嘩覚悟でLさんに「あそこのライヴハウスを出て、活動拠点を他所に移した方がいい」と提案を持ち掛けた。

だが、現在のライヴハウスでそれなりの地位を築いているLさんは、なかなか首を縦に振らない。もどかしさを覚えつつも、T川さんはそのまま懸命に食い下がった。

すると。

T川さんの胸元に、火箸を当てたような鋭い激痛が走った。

「……驚いてその日は直ぐに家に飛んで帰り、上着を脱ぐと、あの〈かまいたち〉が私の〈ここ〉に生じていたんです。どう思われます？」

T川さんは、自身の胸元を指差しながら、上目遣いに私の顔を見据えた。

「Lさんは恩人なんです。何か彼女にしてやれる事とかは、ないでしょうか？」

正直なところ、意図しない場面で、こんな話にぶち当たると考えていなかった。

そしてその内容の凄まじさに、呑まれてもいた。昨日今日知り合ったばかりの人間にこの話を切り出されていたら、俄かには信じられなかったかも知れない。

だが相手は、あの龍神を〈捻じ伏せる〉T川さんだ。

そのT川さんに傷を負わせるとは、よほど性質の悪いシロモノに違いない。

「恐らく、この件に関して口を挟むなという事なんでしょうね。そこまであからさまだと、今の段階ではどうしようもないと思いますし、結構強力なものみたいですから、下手するとT川さんまで〈あちら側〉に取り込まれ兼ねません。少し様子を見られた方が無難に感じます。何かよい考えが出ましたら、メールとかで連絡致しますから」

T川さんは「そうですね、ありがとうございます」と返し、私達は居酒屋を出て、駅前の改札で別れの挨拶を交わし合った。


その晩、私はその件とはまったく関係なしに、先のエピソードに登場した〈妖怪が視える学生〉Tさんに定期連絡のメールを送った。その文面は近況報告プラスT川さんの個展に伺って、新作を鑑賞して来ましたという、ごくありきたりの内容であった。

ところが翌日の晩、早々とTさんからの返信が届いている。

私は眉を顰めた。

彼女は普通の学生生活と、裏の仕事プラス口込みの仕事の三つを掛け持ちしていて、返信が来るのは一週間程空く事がざらであり、ひどい時などは三か月位連絡がなかった事もある。そんな多忙なTさんが、こんなに早く返信をくれるのは、珍しい事なのだ。

訝しりながらメールを開くと、そこには次のようなメッセージが打たれていた。

――日付　20××年12月10日23：57

件名　こんばんは。

あまり多くは語れないけど、イタチに気をつけて下さい。

出会っても、視えない振りをして下さい――


顔から血の気が引いた。

私はTさんに対して、今回（かまいたち）の懸案に関しては、ひと言も触れていない。

その彼女が避けろという事は、かなり危険な相手《モノ》なのだ。

硬直していた私は我に返ると、このメッセのコピーを添えて、Lさんとは今暫く距離を取るようにと、その場でT川さんのスマホに注意喚起のメールを送った。


その件から一年後。

T川さんの側から私に宛てて、こんなメールがあった。

Lさんから、拠点のライヴハウスを変えたので、また良かったらステージに遊びに来ないかという誘いの連絡が来たという。

勇気を奮って、久しぶりにあの街へ足を運んでみると、どうやら区画整理があった模様で、以前のライヴハウスと周辺にあった呑み屋街は全て取り壊され、周囲の景観はすっかり様相が変わってしまい、古巣を追われた古参バンドのメンバー達はすっかり毒気を失っていて、新しいライヴハウスのステージ上で拝聴したLさんのハスキーボイスは、見事に以前の力強さを取り戻していたそうである。

会合

この話も、T川さんよりお預かりしたもので〈かまいたち〉の事件の進行中に起きた、スピンオフ的な異談であり、やはり主人公はLさんなのだが、事件が解決してからの拝聴だったために、時列的に前後してしまっている事情を先に述べておく事にする。

T川さんの見立てとは別視点から、Lさんの身に起きていた怪異を裏付ける話でもある。


その日、Lさんはライヴハウスでのステージを終えて、いつものようにバンドメンバーらとの打ち上げに興じていた。ハイテンションでかなりな量の酒を呑み、そのままお開きとなったが、既に電車のある時間ではない。

ちょうどいい酔い覚ましと、Lさんはふらふらと夜の街を歩き始めた。

ライヴハウスのあるその街は、東京の都心部に位置しているので、深夜といえど街灯は煌々と輝き、真っ暗闇という訳でもない。

どこかの公園のベンチで酔いを覚ましながら夜明けでも迎えるかと、そのまま寝静まった商店街を千鳥足で歩いていると、先の曲がり角の物陰にスーツ姿の中年男が立っていて、Lさんに向かってしきりに手招きをしている。

（え？）

見知らぬ顔の男だ。誰か他の人間を呼んでいるのかと後ろを振り向いてみたが、暗い路上にいるのは彼女一人きり。

（あたし？）

思わず自分の顔を指差すと、男はうんうんと頷きながら、手招きを続ける。

本来なら、こんな人気のない深夜の路地裏から見知らぬ男が手招きなどしていたら、危険を感じて無視するところなのだが、幸か不幸か、その時はしこたま酒が入っていて警戒心というものが緩み切っていた。

なになに、あたしに何の用なの？　とばかりに、Lさんはそちらへと足取りを向けた。

男の方はというと、早くしなさいと言わんばかりに懸命に手招きを続けている。

（えー、何なのよ、一体……）

酔っぱらって思考の回り切らない雰囲気で近付くと、彼は不意にLさんの腕を掴んで物陰に引っ張り込み、素早く背後に回り込んだ。

（げっ！）

まずいと思ったが後の祭りである。

男は懐から何かを取り出して、何かをLさんの首筋にパシャッと吹き掛けた。

冷たい！　と思った瞬間、男は奇妙なセリフを呟いた。

「よし。取り敢えず、いなくなったか」

彼は辺りを見回しながら、目を白黒させているLさんを見た。

「あんた、割と〈憑かれやすいタイプ〉でしょ？　今みてびっくりしたから」

事情を呑み込めない彼女に向かって、男は自分の素性を明かした。

彼は所謂〈祓い屋〉の類に属する職業に就いているのだという。

「今、ちょっと先の場所でね、そういう人間達の会合があったんだよね」

男は夜景の中に浮かび上がる、黒々としたビルのシルエットのひとつを指差した。

そこでは、年に何度か、そちらに所属している拝み屋、祓い屋、霊能者、密教僧、山伏など、その筋の方々が寄り集まって、様々な事例報告や情報交換などが行われるそうなのである。

「そんでね、今お開きになって、さて帰ろうかと思ったら、あんたが向こうからふらふら歩いて来たんだ。いつもなら見て見ぬふりなんだが、職業柄、とても見過ごせる状況じゃなかったんでね。取り敢えず簡単に祓っておいた。あんた、身の回りにもっと気を付けた方がいいね」

そう言い残すと、男は闇の帳の中に消えて行ったそうである。

「二十人位引き連れてたよ」

祓い屋の男は、Ｌさんに向かってそう告げたという。

白昼

Uさんの妹さんは、生まれつき心臓に障害を持っている。

従って、主治医の先生より紹介された大学病院で、月に一度、定期健診を受ける必要があった。

その日は定期健診日。

仕事を休んで母親に付き添ったUさんは、妹さんを車椅子に乗せ、いつも通りに国道でタクシーを拾う。

すぐにタクシーは掴まった。

初老の運転手は親切な男で、車椅子を畳んでトランクに運んでくれたり、具合の悪そうな妹さんに気を使って、言葉を掛けたり、丁寧なハンドル捌きをしてくれた。

束の間の休息。

助手席に座ったUさんは、ひと息ついて、窓ガラスの向こうをぼうっと眺めていた。

初秋の、よく晴れた青い空。

見慣れた国道沿いの風景。

前方に連なる無数のテールレンズ。

ふっと優しい制動が掛かり、車が停車した。

交差点の信号が赤になっている。

彼女は手持ち無沙汰に、外の景色を眺めた。

誰も歩いていない歩道の向こう、ビルとビルとの隙間に、人の背丈くらいの塀があり、その塀の先からにょろにょろと尖った木片の先が覗いている。

卒塔婆だ。

あの壁の向こうは墓地らしい。

そんな事を考えていた、そのとき。

卒塔婆の隙間で、何かが、ちらちらと動いた。

毛むくじゃらの何か。

一瞬、人の頭かと思った。

だが、次の瞬間。
そいつは、ふわっ、と身を持ち上げた。
言葉を失った。
長さ一メートルほど。
手足の無いマルチーズ犬のような、黒い剛毛に覆われた全身。
そんなものが、墓地の卒塔婆の上を、ふわふわと漂っている。
（なに、あれ？）
ガラスに顔をくっつけて、目を凝らした。
毛むくじゃらの〈それ〉は、確かに見える。
黒い体毛が、風に靡いているのが、確かに見える。
幽霊とか、幻とかではない。
実体のある、もののけの類。
そうした単語が、脳裏に浮かんだ。
背後に見えるのは、近代的な高層マンション。
ミスマッチなその光景。

とっさに振り返ったが、後部座席の母親は、具合の良くない妹に掛かり切りだ。

運転手はというと、前方の信号に集中していて、〈それ〉には気付いていない。

思わず声を掛けようとしたその時。

交差点の信号が〈青〉に変わった。

タクシーは発進し、黒いもののけの姿は、視界の後方へ消えていったという。


「こんな感じのやつですか？」

私が持参した本を差し出すと、彼女は力強く頷いた。

「そうそう、これこれ、このまんま」

都会のど真ん中で、本当にこういうものがいるのかと、私は唸るしかなかった。

持参した本は、某出版社の妖怪図鑑。

Uさんが頷いたのは「妖怪・毛羽毛現《けうけげん》」であった。

イマジナリー

シングルマザーのY美さんには「あや」という娘が居る。

あやちゃんは片親と言う環境下で育ったせいか、幼稚園に上がる少し前から、突然奇妙な行動を取るようになった。

誰も居ない空間に向かって会話する。絵本を読み聞かせる。誰かと鬼ごっこをするように、どたどたと部屋を走り転げ回る。おやつも半分に取り分ける。Y美さんが何をしているのか尋ねると「かおりちゃん」という女の子と遊んでいるのだと言う。

「近所のお友達？」とY美さんが聞いても要領を得ない。そこに見えない誰かが居るようで気味が悪いとも思ったが、子供にはよくある事と医師の助言もあって、そのまま放って置いた。

そんなある日、三年前に離婚した元の御主人からメールが届いた。

相談したい事があるから、久しぶりに食事でも、という内容だった。待ち合わせのファミレスに足を運ぶと、彼は開口一番「あやはどうしてる？」と尋ねて来た。

Y美さんは首を傾げた。元御主人との離婚理由は彼の女癖の悪さで、Y美さんとも「出来ちゃった婚」、しかも彼女が出産で入院中に、別の女性と関係を持ったからであった。

「別に普通にしてるよ。「かおりちゃん」って空想の友達を作って、一人遊びをする変な癖があるけど、何を今さら……」

皮肉交じりに返事をすると、元御主人の顔が引き攣った。

彼は現在、離婚の原因となった女性とは別れ、違う相手と交際している。美人で明るい性格なのだが、その女性もシングルマザーで、やはり女の子の連れ子が居る。

そして、この子も空想上の友達と遊ぶ性癖があるのだと言う。

「実は、友達の名前が「あや」って言うんだよ」

「え、まさかその連れ子の名前って……」

「かおり」

今度はY美さんの全身が総毛立った。元御主人に未練はない。

ただ、それとは別の、とても嫌な予感が彼女の脳裏を駆け抜けた。

「お願い。その人とは別れて。何かそのうち、怖い事が起こりそうな予感がする」

ひと月程して、元御主人よりメールが来た。

例の彼女とは別れたと言う内容だった。かおりちゃんの態度が日を追うにつれ余所余所しくなり、とうとう彼の事を睨み付けるようになったからだとも添えてあった。

Y美さんは、現在中学生になったあやちゃんに「かおりちゃん」の事を覚えているかと尋ねた事がある。すると彼女は視線を鋭くしながら、こう答えた。

「うん、覚えているよ。お互いにお父さん居なくて寂しいねって、慰め合っていたから」

廃ビル脇のリカちゃん

再び「ジョギング」に登場した、I君の話である。

彼の職業は、近隣の小学生を対象にした学習塾の講師である。

受け持つ科目は、小学校高学年の学力強化クラスだ。名門校受験を目指す親たちが、学校の授業だけでは不足と捉え、補佐的に学力の強化を指導する、所謂「進学塾」である。

I君は講師を務めながらも、自身は受験戦争とは関係ない、伸び伸びとした環境で育ったので、今の子達は大変だなあと思いつつ、授業を受け持っていた。

そんな或る日の休み時間。

次の科目の準備を整えながら雑談する小学生らを眺めていると、彼らの会話の中で、ふと、こんな内容のものが耳に飛び込んで来た。

——市内の外れの××に廃ビルがあるでしょ？　幽霊が出るんだって——

——知ってるよ。入口の横に女の子が立ってるんだって。六年のサトちゃんが見たって——

——隣のクラスのエリちゃんも見たって言ってた——

——目が合うと、その子の家まで付いて来ちゃうんだって——

ああ、学校の怪談だと、彼は思わず微笑んだ。

Ｉ君は年齢が二十代の半ばだが、それでも相手が小学生となると価値観や流行のギャップは半端ではない。塾生らの持ち掛ける最新のゲームやアニメキャラなどの会話にはうんうんと調子を合わすのがやっとである。そんな新世代の彼らの間でも、このあたりの話題は変わらないなと微笑ましく思いながら、Ｉ君は塾生らの会話にしばし耳を傾けていた。

その晩の事。

仕事を終え、家族と夕食を済ませて二階にある自室に戻ると、暫くパソコンでネットサーフィンをした後、読み掛けの本のページを捲り、普段通りにベッドへと潜り込んだ。

時刻は午前零時少し前。


そこで彼は、奇妙な夢を見た。

深夜の街角。そこは見覚えのある、町外れの古びたビル。

入口のシャッターは閉めっ放しで、各階のフロアが空っぽなのは外からでも判る。かといってテナント募集中の張り紙がある訳でもない。ひょっとしてビル全体が売りに出ているのかも知れない。

ひと気の無いそのビルの無機質な陰影が、ぼんやりと夜の街中に浮かんでいる。

その玄関脇の暗がりに、街灯の鈍い光に照らされて、スカート姿の女の子が立っている。

小学校の高学年位の年齢だろうか。表情は俯き加減でよく判らない。

ただ、その異様な佇まいにゾッとした刹那。


ベッドの中でＩ君は目を覚ました。

見慣れた自室の天井と、蛍光灯の豆球の淡い光が、視界を占める。

（うっわー、焦った！　塾であんな話聞いたからだ……）

小学生の怪談話が夢に出て来るという自身の小心ぶりに苦笑いを覚え、彼はもう一度目を閉じた。

そこは市内の中心を流れる川。そこに掛かる橋の袂。

欄干には「×××橋」という名称が彫られている。

さっきの女の子が、俯き加減で佇んでいる。

「うわっ」と悲鳴を上げて彼は飛び起きた。そこは見慣れた自室の風景。

パジャマの下の素肌に、じっとりと汗が滲んでいた。

（また同じ夢見ちゃった、ハハ、ハハハ……）

やや自虐気味に自分に言い聞かせると、I君は再びベッドに潜った。

自宅近くのアパートのある三叉路。

市道から左に折れた裏通りの、まばらに立っている街灯の真下。

あの女の子が俯いて立っている。

ひゃっと声を挙げて、Ｉ君は再び目を覚ました。

全身が、汗でじっとりと濡れている。

それだけではない。三回目の夢で、彼は〈ある事〉に気が付いていた。

いま夢に出て来たアパートは、Ｉ君の家の近くなのだ。そして二度目の夢に現れた〈××橋〉は最初の廃ビルとアパートの中間点に当たる。

（これって〈リカちゃん電話〉の話のパターン？）

〈リカちゃん電話〉という名の有名な都市伝説がある。

某玩具メーカーの人気キャラクター人形が電話に出てくれるというサービスを知った人形好きのある女の子が、その番号に電話すると「もしもし、わたしリカちゃん、いまこれからお出かけするところなの……」と言ってプツリと電話が切れる。なあんだと思って受話器を置くと電話が掛かって来る。「もしもし、わたしリカちゃん、いまあなたのおうち

に向かっているよ」「もしもし、わたしリカちゃん、いまあなたの家の前」、そして最後の電話が鳴り、
「もしもし、わたしリカちゃん、いまあなたの後ろにいるよ」

しかし、このリカちゃんは電話を使わない。
夢の中を伝わりながら、彼との距離を縮めて来ているのである。
(いや待て、落ち着け。考え過ぎだ。そんなバカな事がある訳がない)
I君はそう自分に言い聞かせて、もう一度目を瞑った。

自宅の玄関の前。
仄かな街灯の光に照らされて、あの女の子が俯きながら立っている。

「わぁっ」と悲鳴を上げて彼は飛び起きた。
これはもはや夢ではない。何らかの意思を持った存在が彼の元へと近づいている。
ベッドの中でI君は、カーテンの閉じられた窓を見た。立ち上がってそこから外を確認

する勇気は微塵も無い。もしそこに本当に、あの女の子が立っていたら。

窓の外の暗がりに佇むそれと、目が合ってしまったら。

次に眠ったら何が起こるかも判らない。

(あの都市伝説のラストは、確か……)

そこに思いを巡らせると怖ろしくなり、I君は寝ないで朝を待つ覚悟をした。

とは言うものの、時計を見ればまだ午前一時を少し回ったところ。夜明けはまだ程遠い。

怖い怖いぞ、次寝たら次寝たら大変だぞと電気を点けっ放しにして自身を鼓舞したものの、
いつの間にか、半身を起こしながらうとうとしていた。


そこはI君の家の二階の廊下の風景。

彼の部屋の扉の前に、女の子が俯いて立っている。

はた、と両眼を開く。時刻はちょうど午前二時。

視界に捉えた現実を目にして、全身から血の気が引いた。

部屋の扉が開いている。その隙間から、向こう側の黒々とした闇が覗いていた。

寝る前には確かに閉めた筈だ。

思考が混乱して、何をどうしていいのか判らない。

I君は咄嗟に枕元の携帯を手にすると、目の前のその光景を画像に納め、今の自分に起こっている事と称して、登録しているSNSにアップした。

この時間なら、夜更かしユーザーの誰かが、まだ起きている筈。

誰かが返信してくれるだけでも心強い。すると、彼と仲良しにしているKさんというユーザーから、一番にこんなコメントが付いた。

「あのう、申し訳ありません。いまアップした日記の画像なんですけど、扉の縁のところに、子供の手みたいのが映っているんですが……」

これだけの恐怖体験にも拘わらず、不可解なリカちゃんの出現はこれきりで、その後呪い障りの類などは一切起こらなかったのだが、何故、子供達の話を聞いていただけのI君の元に少女がやって来たのかという因果関係については、まったく不明だそうである。

カレーの中辛

能楽師のNさんは、ある時知人と一緒に足を運んだ怪談ライブがきっかけとなり、怪談の醍醐味に嵌まってしまった。怪談会があれば通い詰め、発売される実話怪談本を次々と読み漁り、「もっと怖い話を、もっと怖い話を……！」とSNSで発信し続ける程ののめり込みようだった。ところが、あるライブで知り合ったKさんという怪談作家から「Nさん、実話系は、怖さだけを突き詰め過ぎるとまずいんですよ」と窘められた。

何でもKさんは、作品執筆の糧として様々な怪談本に目を通していたが、ある時入手した〈本〉の中に「この話を読むと幽霊が出る、本物を見たくない方は本項を飛ばすように」という、恐ろしい注意書きをされた挿話があったのだという。それを無視したKさんは、本に示された通りの怖ろしい体験をした後、事故に遭って右足を骨折してしまった。事はそれだけで済まず、彼のその体験を聞いた友人知人までもが怪異と災禍に見舞われたので、話を封印、さわりの部分だけをオフ会や怪談会で語るようになった。

するると、腕に覚えのある何名かの業界人が、障り覚悟で〈話〉のフルバージョンに挑戦したそうである。

しかし彼等全員にも、何らかの形の怪異と障りが起きてしまった。

最後に〈話〉に挑戦したのは、ある人気ホラー漫画家だったそうで「前後編に分けてコミックに掲載し、ドバーッと派手にやりましょう！」と息巻いていたが、発売日に献本を送って来た後「後編は諸所の事情で中止とさせて戴きます」と電話が掛かって来た。

何でも、件の漫画家氏がKさんから取材を終えて自宅に戻ると、奥さんが顔色を変えながら「あなた、どんな話を取材しに行ったの？　少し前から空気がおかしいのよ。女の人が家の中をうろついているの」と告げられたという。これは凄い話だと喜んだ漫画家氏は、Kさんの注意事項を無視して、勝手に〈話〉を根掘り葉掘り調べ上げ、結果〈呪い〉に触れてしまったというのである。

「詳しい事はまた連絡します」と言われたきり、彼からはそのまま梨の礫となり、漫画家氏のブログからは作品の記事が消去され、〈話〉を掲載したコミック誌も程無く廃刊となった。

そういう洒落にならない話もあるんですからと前置きをして、彼は今度の集まりで、その〈語らずの話〉を部分的に披露してくれるという。

怪談会当日、Nさんは待ち切れずにKさんに話を振った。

だが、彼が話を始めると、突然「ズシイィィン！」という部屋全体が揺れる位の大きな音が鳴り響き、続いてビルのオーナーが会場に顔を出して「いま、お隣の部屋の方達からこちらで大きな音がしたと報告がありましたが、何かありましたか？」と血相変えて尋ねて来た。

Kさんはそこで話を切り上げてしまった。

翌日NさんのSNSページには、彼からの、こんなメッセージが入った。

「カレーは中辛あたりの辛さが、一番美味しいんですよ」

ありおんな

「私の大学時代の、同じゼミだった子の話なんですけど……」

ＯＬのＭさんは、取材先の小平にある某ファミレス店内で、その異談を語り始めた。


彼女の通っていた大学は、西東京方面の某市に位置していたそうである。

地方から上京しての一人暮らし。周囲に知己のまったくいなかった彼女にとって、これから過ごす事になる大学の四年間は、不安要素の方が大きかったそうなのだが、新生活が始まると、そんな悩みはすぐに解消されてしまった。

同じゼミの中に、Ｍさんと同じような境遇の学生が沢山いたからである。

「なあんだ、私も」と言う感じで一度打ち解けてしまうと双方の距離感が縮まり、あっという間に女子大生の仲良しグループが誕生した。

そうなってしまえば、もうこっちのものだ。

都会に不慣れなおのぼりさん同士で徒党を組み、彼女らは冒険感覚で吉祥寺や新宿、渋谷の繁華街へと繰り出し、食事やショッピングを愉しむようになった。そうした誰にも気兼ねのない女子だけの、気儘なキャンパスライフが暫く続いたそうである。

Uさんは、そんな友人仲間の一人であった。

Mさんとは別の学部に所属していた子だったが、すらりとしたモデル体型に整った目鼻。睫毛の長い切れ長の目と、癖の無いストレートのロングヘア。パステルカラーのふんわりした色彩が良く似合う、まさに「女の子」と呼ぶにふさわしい外観を備えていて、性格も社交的。彼女が加わると場が突然華やかになり、コンパや女子会も盛り上がるという、同性の目から見ても、かなり羨ましいルックスの持ち主でもあった。

知り合って間もなくは其々が初対面、分からない者同士の集まりでもあるから、Uさんの存在は、最初は誰からも歓迎されていた。

ところが、二か月もすると、彼女の奇妙な性癖が、徐々に明らかになって来た。

きっかけは、皆で吉祥寺の表通りを練り歩いている時であったという。

学友ら数人で楽しくお喋りをしながら通りを歩いていると、不意にUさんの視線が何かに釘付けになった。どうしたの？　と言葉を掛ける友人らを無視して彼女が駆け寄ったのは、歩道の脇の植え込みである。

「どうしたの？　何してるの？」

呆気に取られるMさんらを尻目に、Uさんは、花壇の剥き出しの土の部分を、靴の爪先でがしがしとほじくり返した。そこには蟻が巣を作った蟻塚があり、突然の破壊行為に驚いたのか、わらわらと無数の黒い蟻が巣穴の中から這い出て来た。

すると。

Uさんは、その蟻達に向かって、思い切り靴の底を踏み下ろしたのである。

力一杯、何度も何度も。

その場にいた全員が言葉を失うまで、執拗に。

やがて路面に動くものの姿が無くなると、Uさんはにやりと、歪んだ笑いを浮かべた。

その時の狂気じみた表情に、Mさんはゾクッとしたそうである。

「あっ、ごめんね。さあ、いこいこ」

振り向いた彼女の顔は、元のフワッとした、愛らしい女子大生に戻っていた。

しかし、ここを境に、Uさんの奇行はエスカレートを開始した。

街中、学校内、近場の公園と場所をいとわず、彼女の視線は常に何かを探し求めている。そして、その視界の隅に蠢く〈もの〉を見つけると、まるで幼子が玩具を見つけたかのような笑顔を浮かべながら走り出して、その巣を突き崩し、完膚なきまで踏み潰す。

「あの黒いわちゃわちゃしたのが、大群で慌てふためいているのを見てると、堪らなく興奮するのよね。うん、ちっちゃい頃からそうなの。踏み潰すとスカッとする」

行きつけのファミレスで級友の一人が、なぜあんな事をするのか尋ねると、彼女は微笑みながらそう答えた。可哀想に思わないのという別の友人の問い掛けにも「全然?」とにっこりしている。

(人って、見掛けによらないんだなあ)

あんなに綺麗で愛らしいUさんの不気味な側面を見てしまって、Mさんはかなりの衝撃を受けた。それでもMさんを含むゼミ仲間達は、彼女の性癖を見て見ぬふりをして、暫く付き合いを続けていたそうである。

決定的な亀裂が入ったのは、ある時、実家から通っている友人の家に集まってお茶会を開いた時だった。

その家は庭に向かって縁側のある、典型的な日本家屋であったが、皆で障子を開け放して庭の見事な紫陽花を鑑賞しながらお喋りに耽っていた時、突然Uさんが立ち上がると、物凄い勢いで縁側のサンダルを突っ掛け、傍らの水道の蛇口を捻ると、ホースの先を紫陽花の根元の土の中へと捻じ込んだのである。

そこには、蟻が巣を作っていた。

慌てて何人かが止めに入ったが、Uさんは笑いながらサンダルの底で、蟻の群れを潰し続け、結局、植込みを滅茶苦茶にされたその家の友人からは絶交されたそうである。

そこを境に「Uを誘うのはもうやめよう」という空気が友人らの間で暗黙の了解となり、夏季休講が始まる頃には、彼女はすっかり仲間内で孤立した存在になっていた。

だが、Uさんの持つ美貌に仄かな憧れを抱いていたMさんだけは、友人達に内緒で、個人的に付き合いを持続していた。彼女と一緒に歩いていると、擦れ違う男性らの視線が自分らに注がれているのが露骨に判ったからである。それが例え自分に向けられたものではないにしても、過去には感じ得なかった異性に対する〈優越感〉を得られたからだという。

そしてUさんの方も、そんな友人らの空気を読み取ったらしく、渋谷や吉祥寺に遊びに行こうと、Mさんに直接連絡を取るようになった。

「蟻が出るのよね」

ある時、渋谷のカフェでお茶をしていたら、Uさんがうっとりした口調でそう呟いた。

「夏だしね」

彼女の性癖を知るMさんが、少し引き気味に答えると、違うのよと返事が返って来た。

Uさんの住んでいるアパートの部屋に、蟻が出るのだという。

「部屋の隅っこにね、うろうろしてるのよ」

初め気が付いたのは、部屋の隅に這っている二、三匹の蟻だったそうである。

勿論、蟻殺しが趣味の彼女は、うきうきとしながら蟻を潰した。

自宅に蟻が出るのなら、わざわざ出先で巣穴を捜す必要もないからだ。

すると、今度はベッドの中で、チクッとした違和感を覚えた。見ると枕や夏掛けの上を数匹の蟻が駆け回っている。これもまた容赦なく指先で捻り潰した。次は化粧品や小物を入れた引き出しの中だった。中で十数匹の蟻が這い回っていた。そうこうする内に、気が付けば壁や本棚、箪笥の表面にまで蟻が這うようになった。

一度など、トイレの中で列を作る蟻の行列を発見し、汚物入れの蓋を開いてみたら、使用済みナプキンに無数の蟻が集っており、ざわざわと蠢く、黒い塊と化していたという。

「ああいうものにも集るなんて、知らなかった」

あまりにも沢山の蟻が出没するようになり、とうとう手作業では手に負えなくなり、部屋のあちこちに蟻の巣コロリや蟻コンバットを仕掛けたが、なぜか出没する蟻達はそれらに見向きもしない。Uさんは自室でスリッパ片手に蟻殺しに勤しんだという。

悦に入って微笑むUさんの言葉に、Mさんは耳を疑った。

彼女の住むアパートは三鷹の住宅地にあり、それなりの築年数ではあったものの、近くに土が剥き出した部分などなく、しかも部屋は二階に位置している。そんな場所になぜ、大量の蟻がやって来るのかと。建物自体に巣食っている可能性もあったが、それほど室内に蟻が出るのだったら、他の居住者からもクレームが出るのではと怪訝に感じた。取り敢えず社交辞令的に「駆除業者に頼んでみたら」と言葉を掛けると「なぜ？」と微笑みながら返されたそうである。

アパートの部屋の中で、嬉々として独り蟻殺しに励むUさんの姿を想像して、Mさんは背筋を寒くした。だが、冬の訪れと共に、室内に湧き出た蟻は徐々に姿を消した。

蟻が姿を消すと、Uさんとの会話も普通に戻り、暫くは平穏な関係が続いたという。

不穏さが再び頭角を現し始めたのは、冬季休講が終わって暫くしてからだった。

季節が啓蟄《けいちつ》へと移り始めると、再びUさんの部屋には蟻が姿を現し始めたのだ。

しかもその数は前の年の倍くらいに膨れ上がり、部屋の白い壁紙が蟻によって埋め尽くされ、真っ黒に染まった。群がる蟻達の大群からは、かしゃかしゃと彼らの蠢く足音が聞こえて来るかのようであり、蟻殺しが趣味の彼女もさすがに辟易して、ホームセンターからスプレー式や置き型の殺蟻剤を購入して駆除に当たり始めたが、焼け石に水の状態だったそうである。大量の蟻を殺して、箒で掃き出し、ちり取りで捨てても捨てても、次の日には壁も床も真っ黒に染まった。もはや室内を裸足で歩く事が出来ず、室内で食事を採る事もベッドで眠る事も叶わない。

「まったく困ったもんだわ」

心なしかやつれ気味になったUさんを見て、それは単純に虫が湧いているだけの問題ではないのではないかとMさんは思い始めていた。

「××××、凄いのよ、試す価値ありよ」

そんな会話を交わしたのは、MさんがUさんと最後に逢った日だという。

いつものようにメールがあり、一緒に吉祥寺のカフェでお茶しようと誘われて出向いた折りの話である。この頃はMさんの住むアパートの部屋にもちょろちょろと蟻が舞い込む事があり、話を合わせようとして振ったそうなのだが、Uさんは目を輝かせてそう答えた。

部屋の中に大量発生した蟻の群れにさすがに辟易した彼女は、何とか彼らを駆除しようとネットを駆使して探し当てた殺蟻剤が「×××」だった。

通販業者から届いたこの薬を室内の数カ所にセッティングすると、それまで他の置き型殺蟻剤に目もくれなかった大量の蟻達がそこに群がるようになった。それはさながら地面を蠢く黒い軟体動物のようにも思えたそうである。

受け皿にセットした薬剤が減ると、その様子を監視しながら、こまめにそれを注ぎ足して行く。数日すると、心なしか部屋を占拠していた蟻達の姿が少なくなったように感じた。

(凄い効果じゃん)

彼女は嬉々として薬剤を継ぎ足しながら、数が目減りして行く蟻達の姿を事細かに観察した。この「×××」という殺蟻剤は、所謂ゴキブリ退治のホウ酸団子と原理は同じで、蟻が好む糖蜜にホウ酸を適度に混ぜ合わせたものだ。これを蟻は巣穴に持ち帰って貯蔵庫に蓄えるのだが、このホウ酸入りの糖蜜を食した蟻は脱水症状を起こして二十四時間以内に死に、そのうち巣穴ごと全滅するのだという。

そうとも知らずに蟻達は、自らに破滅を齎す死の糖蜜を黙々と運び続ける。

土の中で、足を縮めて延々と横たわっている蟻の死骸。それを想像しながらUさんは浮き浮きとして蟻達の行軍を観察し続けたそうである。

やがて「××××」に群がる蟻の姿は目に見えてぐっと減り、とうとうそれに集る黒い行列の姿を見掛けなくなったと思っていたら、ある日、薬剤を仕掛けたトレイの近くに、他の蟻の十倍位はあろうかという、大きな蟻が痙攣しながら蠢いていた。

それらの側には、無数の羽蟻の死骸が横たわっている。

〈女王蟻〉だ、とUさんは直感した。

「あいつ、自分の最期を直感したんだろうね。直前に雄蟻と交尾しまくって子孫を残そうと思ったんだよ。羽蟻って牡なんだけど、交尾するとすぐ死んじゃうんだ」

彼女はその場にしゃがみこんで、痙攣する女王蟻が動きを止めて息絶えるまでを、口元に微笑みを浮かべながら、じっくり見届けた。

が、その刹那。

突然、猛烈な吐き気に襲われてトイレに駆け込み、げえげえと、何度も何度も胃の中の物を吐いた。

「でもね、私はあいつらに、勝ったんだよ」

そう呟きながら自慢げに微笑むUさんの顔は、皺だらけの老婆のように変貌していて、そこには、以前の美しい彼女の面影はどこにも存在しなかった。

それはまるで、薬剤の脱水症状で干からびて死んだという、かの女王蟻の姿を連想させたそうである。

「……そこからはもう、私も怖ろしくなってしまって、彼女から連絡が来ても無視するようになりました。学部が違ったせいもあるのですが、以来、新学期が始まっても学校でUの姿を見掛ける事はなく、私も意識して避けるようにしていたので……」

長い長い物語をMさんが語り終えたとき、私はただ唸るばかりであった。

ここまで付き合ってくれた読者諸氏なら判って頂けると思うのだが、私は怪談屋としてかなりの話は耳にしているつもりであるし、自身でもそれなりの体験を潜っている。

ただ、そんな私の経験を以てしても、この異談は、かなり特殊なものとして分類された。〈虫が祟る〉という事象は、古来の怪談話や民間伝承の中ではよく見掛けるものだが、実際にこの耳で拝聴したのは初めてだった。

しかもその内容ときたら、凄惨そのものである。

「籠さんはどう思われますか？　これはやはり蟻の祟りなんでしょうか？」

大抵の方が口にする、ありきたりな質問なのだが、さすがに答える事すら出来ない。自分の関わった実話としての前例がなかったからだ。

「判りません。今の時点では何とも答える事が出来ません。自分の中で判じる物差しがないからなんですが、ともかく貴重なお話をありがとうございました。感謝いたします」

私は礼を述べると、車でMさんの住んでいるマンション前まで彼女を送り届け、何とも嫌な余韻の残る話だったなと独り言《ご》ちながら、そのまま帰途に就いた。

翌日の晩、私はMさんが語った異談のメモを見直しながら、冷静になった思考でこの話の検証を始めていた。その場では凄いと思いつつも、後から考え直すと「あれ？」と思わせるようなケースも幾つかあったからである。

しかし、今回はその心配はなさそうだった。

まず、怪異の題材が「蟻」と言う点で、非常に特殊であるからだ。もしも作り話でこちらを担ごうというのなら、もっと手近で扱いやすい題材は幾らでもある。

呪物、事故物件、事故現場、心霊スポットの肝試し、家系の因縁等々。

わざわざ専門知識の必要な、此れほど手の込んだ作り話で自身を売り込むつもりなら、私のような無名の怪談屋より、もっとメジャーの怪談作家をターゲットにすればいい。しかしこのような話は他の実話収録本でもお目に掛かった事がない。つまり、売り込み目的ではない事が推察出来る。この話には「聞く耳を持つ人になら誰でもいいから聞いて欲しい」という体験者独特の欲求が込められている事になる。これは私が話の真贋を見極めるのに用いている指針の一つでもある。Mさんの受け答えのひとつひとつや、事件を思い出す時の怯えた表情、どれをとっても作り話には思えない。体験を勿体ぶってなかなか切り出さない方、ケロリとした顔で語る方の大半は、裏に何か魂胆があるか、作り話か、他所からのパクリ話。これが今のところの私の経験値が示す尺度でもある。

次に私は、物語の主人公であるUさんの用いた殺蟻剤「××××」が実際に存在するのかを調べてみた。

現在ネットで検索すると「××××」はそれなりの件数でヒットする薬剤なのだが、この当時はかなりマイナーな存在でメーカーのホームページに直接注文しないと入手出来ないものであった。当然私もその名称は知らず、そんな安直なネーミングの薬剤があるのかと調べて、その存在を確認した時には驚きの声を隠せなかった。

勿論、現在でもその辺のホームセンター等では取り扱っていないらしい。話を捏造する為にわざわざここまで調べ上げたとしたら、余程の念の入れようとしか言いようがない。この二つの事実からしても、Mさんの語った怪異の信憑性を充分裏付けている。

その時点で、私は二度目の寒気を覚えた。

「一寸の虫にも五分の魂」という諺は誰でも知っているのだが、動物や人霊、神仏だけでなく「虫」も祟る。以前、別の観点からの理由で「虫」を調べた時、その器官構造は至って単純であり、人間や動物のような個人的感情を持たない、生死の観念すら持たぬ、本能のみで行動する生物と記されていた。

そういうものすら「一方的な虐めには祟る」という事実に、改めて驚愕したのである。

私は改めて、怪異の残滓の余韻が脳裏から消え失せない内に、この話を文章化しようと思い立ち、パソコンのワードを立ち上げて文章を作成し始めた。

原稿を三枚ほど書き上げたところで、話の初めの部分であるMさんとUさんと知り合った過程のディティールについて、もう少し詳しく書き込みたくなり、来週にでもまた追加取材を申し込もうかなとか思っていた矢先である。

手元に置いていた携帯のコール音が鳴り響いた。発信先はMさんであった。

随分といいタイミングだなと思い、電話に出ると「あの、籠さんですか？　夜分にどうもすみません」と彼女の掠れた声がスピーカーから聞こえて来る。

「大丈夫ですよ。起きてましたから。先日のお話の原稿を書き出していたところです。ちょうど、こちらからも連絡を取ろうかなと思っていたところなので」

「あの、あの、その件なんですけど」

Mさんの声は妙に上擦っていた。一体どうしたというのだろうか。

「今、今仕事を終えて帰って来て、マンションの部屋のドアの前に居るんですけど……」

彼女の声は、今にも泣き出しそうだった。

「部屋のドアの前に、たくさんの羽蟻の死骸が……。私の部屋の前だけなんです。いま、怖くて部屋に入れなくて、これ、これ、どうしたらいいんでしょうか……？」

思わず言葉を失った。

私は献本を送る目的で彼女の住所を聞いている。Mさんの部屋は四階だ。鉄筋造りの建物の四階に、なぜ突然、蟻の死骸が姿を現したのか？

恐らく、Mさんも私も脳裏に描いたものは〈同じもの〉だったと思う。

慌てて時計を見ると、午後十時四十分を少し廻っていた。

これから車で高速を飛ばしても、最寄りのインターから一般道を十数キロ走らなくてはいけないMさんのマンションまでは二時間弱掛かってしまう。しかもこんな時間に、独身である彼女のところへ理由も告げず出掛けたら、家人から変な誤解を受けかねない。

かといって、この状況をどう説明すればいいのか。

必死に脳内を検索したが〈蟻の亡霊〉を追い払う方法など、まったく出て来ない。

出来る事は限られていた。

「もしもし、周囲に変な気配はありませんか？　そうしたらこのまま電話を切らずに勇気を出して部屋の鍵を開けて室内に入って下さい。扉は開けたままです。中の安全を確認したら、扉にロックをして、チェーンも掛けて。私はこれから家人に事情を話して数時間起きています。何か起きてしまったら、理由は何でもいいからまず一一〇番をして警察を呼んで下さい。変な男が部屋の前でウロウロしているとかでいいです。それから私に電話して下さい。二時間あればそちらに着きます。場合によっては家人も一緒させます。それまでは警官を引き留めていて下さい。到着したら話を合わせます。そこからは二十四時間のファミレスでも行きましょう。何かが起きてしまったら、決して一人にならないように」

「判りました」

私のアドバイスに安心したのか、携帯のスピーカー越しに、ガチャガチャと鍵を廻す音とドアの開く気配が聞こえる。

「中には何もいません。大丈夫のようです」

「そうしたらすぐにドアロックとチェーンを掛けて。今日は部屋の電気を全部点けっ放しにしていて下さい。出来ればテレビとかラジオとかも流して。私はこれから家人に今回の件を説明するので一旦電話を切りますが、まだ暫く起きていますので、何か起きたら言われた通りに行動してください。すぐ駆けつけます」

再びガチャリとドアロックの音と、チェーンを掛ける音。

「電気全部点けました。部屋の中に蟻の死骸はないみたいです。ちょっと安心しました。すみません夜中にお手数煩わして……」

Mさんの声には、僅かだが落ち着きが戻っていた。

「とんでもないです。こちらこそ、妙な事に巻き込んでしまったような気がしています。一度電話を切りますが、まだ暫く起きています。何かあったら、本当に遠慮しないで連絡を寄こして下さい」

一拍置いて、Mさんは最後にこう呟いた。

「……籠さん、私のところにやって来たのは、彼女が殺した〈蟻達〉なんでしょうか。それとも蟻殺しを続けた〈彼女自身〉なんでしょうか……」

「判りません。じゃあ、一旦切ります」

電話を傍らに置いた私は、大きく溜息を吐いた。

〈怪〉を語る事は、時に於いて、止まっていたものをゆり動かしてしまう事がある。

今回の場合が、正にそれだったのかも知れない。

それと同時進行で、私は別に、もう一つの事を考えていた。

Mさんの部屋の玄関前に死んでいた大量の蟻が、何故〈羽蟻〉であったのかと。

嫌な想像だった。

雄の羽蟻は、女王蟻と性交を終えると、すぐその場で死んでしまい、何十匹もの彼らの精子を体内に溜め込んだ女王蟻は、何百個という卵を巣穴で産み続けるそうである。

Uさんが、自らの感情のままに虐げ続けて来た、小さな黒虫達。

そして毒餌で一族を潰された女王蟻の最期と、それを殺した彼女の恐るべき変貌。

ひょっとして、蟻殺しのUさんは、現在、自らが最も忌み嫌い続けて来た蟻達の女王として暗い巣穴の中で、彼らの子孫を生み続ける忌まわしい姿へと成り下がってしまったのではないかと、私は考えたのである。

脳内に湧いた嫌な想像を打ち払い、私は書斎を出ると、リビングでのんびりテレビを見ていた家人に「ちょっと話があるんだけど……」と声を掛けた。

時刻はちょうど、午後十一時を廻ろうとしていた。

坑の中

本書のラストとなるこの話もまた、筆者の実体験である。

正直なところを打ち明けると、私が実話怪談にのめり込むきっかけを作ったのは、ここに紹介する、不可解な体験談が原因と言っても過言ではない。

ところがこの話は、単に怖ろしかったというだけではなく、その内側にとんでもない副作用をも備えていた。話を聞いた者にも、何らかの形で怪異が訪れてしまうのである。

勿論、そんな触れ込みに意気込んで挑戦された方も何名か居たのだが、先に語ったようにそれらの方達の周辺にも全て「何か」が起きたと言う事だけを書き記しておく。

とうとう最終的には、話のラストに登場するような者まで出てしまったので、その全貌を詳しく語る事は自主規制により、現在「封印」を決め込んでいる。

そこで本書では、コンセプトとなっている「方違」の手法を用いて、話を「似ているけれども異なるもの」という形に仕上げてある。ただ、話の流れの骨子はきちんと留めているし、ラストに関しては殆ど手を加えていない。〈カレーの中辛〉で起きた怪談会での怪異と擦り合せて頂ければ、それが何であったのかも判る工夫を凝らしてある。

ただ、脅かすつもりは無いのだが、ここらのページを捲ったあたりで「いやなもの」を感じた方には、この最終話を読み飛ばす事をお勧めする。毒性は殆ど無くなって居ると思うのだが、こちら側では最終的な責任まで負い切れないからだ。

既に賢明な読者諸君にはもうお判りかと思うが、この「坑の中」という話は、二話前に登場した〈カレーの中辛〉で、怪談作家K氏がNさんに語る予定であった〈語らずの話〉の抜粋部分であり、そして「作家K氏」とは勿論、私自身の事である。

×　　×　　×

ある年の事。

怪談の取材で霊感の強い女性と話をしているときに、先方から「大井とか昭和島とか、第一京浜の方とか、何となく気味悪くないですか？」という話を切り出された事がある。

「大嫌いです。嫌な目に遭いまして。出来るだけ近付きません」と私はそう答えた。

彼女はそれに興味を持ったらしく、何があったんですか？　良かったら話して貰ませんか？　と逆に話をせがまれてしまった。


十数年前の夏の夜。

その日も本業の傍ら手持ちの怪談ネタや資料の整理に明け暮れていて、ふと気付くとすでに夜の九時を回っていた。頭の中が沸騰してとろけるような感覚が出てきた時が、自分の休憩時間のアラームと心得ている。

こういうときの私の息抜きが、夏頃に雨後のタケノコの如く発売される怪談書籍の類である。こまごまとした雑務を忘れてしばし空想の中の怪奇世界を楽しむのが短い時間の気分転換では一番効果的なやり方なのだ。実務に戻ったときのテンションも高い。

書店から無作為に買い漁った本の中に、その話は載っていた。

前書きによると、この話は霊障が強いので霊感の強い方にはお勧め出来ないとの事。だが、怪談好きの読者ならこのようなフレーズはしょっちゅうお目に掛かるものであり、特筆すべきものでもない。大体、本当にそうなのなら、この本を編集した編集者や校正の人間は、全員幽霊を見てしかるべきではなかろうか。

苦笑いを浮かべながら、私は、躊躇いもなくページを捲った。

内容は品川遊郭の投込寺に関する、ある因縁話であったが、もしその霊障に遭うとすれば、この話に登場する亡霊は午前四時に現れるというのである。ただそれだけで、読んでいて特別怖いと思う話でもなかった。

再び机に戻って資料を整理し直すと、午前一時には床に就いた。

すでにこういった作業に数日間を費やしていたので、作業の助手を務めていた家人は隣で寝息を立てている。ところが私はというと、前日の夜までは横になると爆睡という状態だったのに意識が妙に冴えて眠りに落ちない。

不意に嫌な予感が横切った。

さっきの話、と考え掛けてそれを打ち消した。

午前四時までにはまだ三時間もある。それまでには幾ら何でも眠くなるだろう。考え過ぎだ……。

ところが時計が二時を回り、三時を過ぎても睡魔は一向に訪れない。時計の長針と単針が無機質に時間を刻んでいく。

ふとした瞬間、それに気付いた。

カーテンの隙間から、薄っぺらな人影のようなものがするりと滑り込んで来て、息を呑む私の上に覆い被さったのである。


次の瞬間、情景が変わっていた。

冷たくごつごつと湿った岩肌の感触。膝下まで溜まった泥水。

そこは奇妙な縦坑のような場所だった。

一瞬、状況が分からず頭上を振り仰いだそのとき、遥か高みの天穴を塞いだ鉄格子越しに、見事に光る満月が輝いていたのをよく覚えている。

なぜこんな場所にいるのか?

折檻用の水牢という単語が、不意に浮かんだ。

動揺する気持ちを抑えて、私はそこから逃れる出口を求め、左右を見渡した。

意外に奥行きがある。そちらへ移動しようと泥水を掻いて二、三歩動いたとき、不意に強烈な痛みが走った。

真っ黒な鼠が、私の太腿に喰い付いている。

忌まわしい恐怖に駆られて鼠を払い退けると、その部分の肉が削ぎ取られ、三日月形の噛傷が生じて真っ赤な鮮血が迸った。


きゅう。

きゅう。きゅう。

きゅう。


背筋の冷たくなるような声。

黒い齧歯類の姿は、いつの間にか坑の壁面と水面を埋め尽くしていた。

腹を減らした鼠たちは水に浸かった両足から這い上がって全身を覆い尽し、私は悲鳴を張り上げた。

腕が、足が、肩が、膝が凄まじい勢いで貪られ、そいつらを払い落とすたびに魚の鱗のような噛傷が身体に刻み込まれる。

半狂乱になりながら「助けて」と願ったその時。

縦坑のずっと高みに設けられた横穴から、不意に、真っ白な手が差し出された。

考える余裕もなくそれにしがみ付くと、手は力強く、私の身体を坑の底から引き上げた。

誰が助けてくれたのか、考える余裕はなかった。

横穴に血塗れになった身を横たえて、ぜいぜいと息を切らせながら後ろを振り返った時、私の網膜に黒い鼠の群れを従えた、不気味な女の姿が映った。

その女は、下半身を泥水に埋め、ばさばさの長い髪を振り乱しながら、息も絶え絶えの私を見据えて、さも可笑しげに、けたけたと笑い狂っていた。


そこで意識は現実に還った。

見慣れたベッドの上の風景。安堵が心を過ぎる。だが、それはほんの一瞬だった。

視線が壁の時計に固定される。

午前四時。

ふと見ると、カーテンの隙間から、黒い薄っぺらなものが出て行くのが見えた。

「それ以来、もう、あのあたりは苦手」

私は苦笑しながら、深く溜息を吐いた。

翌日、取材を行った彼女から、突然電話が掛かって来た。

「あ、あの、昨日の件なんですけど……」

「どうしたの？」

「あのあと、うちの中に変な気配が渦巻いちゃって……。うちのダンナ夜勤だったんですけど、嫌な予感がして無理言って仕事休ませたんです。そしたら、代わりにシフトに入った同僚の方が、ダンナが運転する筈だったトラックで事故に巻き込まれちゃって。いま病院なんですが、その方、フロントガラスに顔突っ込んで、顔面ズタズタらしくって……」

思わず言葉を失った。

夢の中で狂ったように笑っていたあの女の顔が「ズタズタ」であった事を、私は彼女に告げていなかったからである……。

あとがき

皆様初めまして。本書「方違異談」を手に取って戴き、最後までお付き合い戴けた事、誠に感謝致します。ご感想は如何でしたでしょうか？

自身としては初単著となりますが、タイトルに冠している「方違」の文字通り、本書には従来の実話としての体験報告以外にも、実際の取材中に起きた怪異の空気、その時の臨場感を重視して、読み手の方にも一緒にその追体験をして貰えるような工夫を凝らした、ある種実験的な書き方を多用した構成、その他様々な情報や仕掛けを盛り込んであります。そこを見つけて楽しんで頂くのも、本書の特徴であり、醍醐味ともいえます。

ここで改めて感じているのは、この実話系というジャンルは「決して著者一人の力では成し得ない」ものだという事です。今回単著を手掛けますという言葉に対して「協力しますよ」という無償の申し出が幾つもあった事に、本当に感謝せざるを得ません。

五年間一緒に様々な場所でフィールドワークを共にした丹波山村の寺崎美紅さん、貴方は自分の生涯の最高の友であり師匠です。神獣画家の玉川麻衣さん、貴方の作品に対する愛情と姿勢が再びこの場に自分を呼び戻しました。異談蒐集に対し自身の立場から様々なアドバイスをくれる透さん、貴方のお陰でこうして生き延びています。尾道てのひら怪談で拙作に目を止めてくれた光原百合先生、お身体のお加減は如何でしょうか？　既存のスタイルに頼らない怪談をと仰っていた大御所のH先生、御言葉を胸に刻み、挑戦を試みてみました。出来栄えはどんなものでしょうか？　そして最後に丹沢の妖かしさん、貴方の声なき声が、おばあさんの子孫に届く事を切に願います。貴方がもうちょっぴりだけ「人」を好きになってくれますように。それではまた皆様と、どこかでお目に掛かれる事を。

籠三蔵　拝

方違異談 現代雨月物語

2020年5月4日　初版第1刷発行

著者　籠三蔵

カバー　橋元浩明（sowhat.Inc）
発行人　後藤明信
発行所　株式会社　竹書房
〒102-0072　東京都千代田区飯田橋2-7-3
電話03-3264-1576（代表）
電話03-3234-6208（編集）
http://www.takeshobo.co.jp
印刷所　中央精版印刷株式会社

定価はカバーに表示しています。
落丁・乱丁本は当社までお問い合わせ下さい。

ISBN978-4-8019-2253-2 C0193